"国培计划"培训资源
中小学教师培训教材

常青藤 先锋教育系列

小学语文课例研修的8个实践策略

打造高效能课堂和优秀教师团队

顾 问：张铁道 李燕玲

主 编：刘 悦

编著者：（按姓氏笔画排序）

王永红、王爱军、王媛媛、尹 红、尹靓楠、

李立雪、李淑敏、刘 悦、任 敏、杨伟宁、

张春明、金 梅、赵彤彦、曹 琳、曹立军

中国青年出版社
CHINA YOUTH PRESS

图书在版编目（CIP）数据

小学语文课例研修的8个实践策略（附赠光盘）/ 刘悦主编.
—北京：中国青年出版社，2012.11
（教师专业提升训练计划）
ISBN 978-7-5153-1206-4

Ⅰ. 小… Ⅱ. 刘… Ⅲ. 小学语文课—课堂教学—教学研究 Ⅳ. G623.202

中国版本图书馆CIP数据核字（2012）第259441号

小学语文课例研修的8个实践策略（附赠光盘）

主　　编：刘　悦

责任编辑：周　红

美术编辑：张　建

出　　版：中国青年出版社

发　　行：北京中青文文化传媒有限公司

电　　话：010-65516873/65518034

网　　址：www.cyb.com.cn　www.diyijie.com

制　　作：中青文制作中心

印　　刷：三河市文通印刷包装有限公司

版　　次：2013年1月第1版

印　　次：2013年1月第1次印刷

开　　本：787×1092　1/16

字　　数：200千字

印　　张：18

书　　号：ISBN 978-7-5153-1206-4

定　　价：33.00元

我社将与版权执法机关配合大力打击盗印、盗版活动，敬请广大读者协助举报，经查实将给予举报者重奖。

举报电话：

北京市版权局版权执法处
010-64081804

中国青年出版社
010-65516873
010-65518035

编者的话

这是第一套由国内顶尖教师分科撰著的教师职业成长书系——"教师专业提升训练计划"，专为中小学教师的学科教学工作而量身定制。

优秀教师之所以成为教育领域的成功者，是因为他们在教学中的杰出成就。对于有志成为优秀教师的人而言，怎样成为一名出色的教师是需要认识到的第一课题。

这是一套优秀教师写给教师们的书。作者均来自全国重点中小学的教育一线，他们是热爱思考、关注教学、具有卓越才识的国家级骨干教师、特级教师、全国优秀班主任和知名校长。在他们的教学和工作中，激情与责任是他们一贯坚持的职业风范，渊博的学识，丰富的经验，创新的教学风格，敏捷的思维，自如的教态，使他们在学生、家长和同行心目中留下不能磨灭的印迹。他们带出的学生成绩尤为优秀，表现在知识和能力两方面都具有突出水平。

在本套书系中，优秀教师们用自己的职业成长之路，成功的教学思想、教学情节和教学反思，为全国教师书写迈向成功必须掌握的法则。是什么支撑着优秀教师走出事业的最低谷？是什么让优秀教师出类拔萃？是什么使杰出校长带领他的学校一路领跑？是什么留住优秀人才，激发教师的教学热情？优秀教师们用自己独特的语言，与每一位教师直接对话，提供一对一的实践指导。无论是各学科教师、班主任，还是校长，都能从中找到在现实教学、管理过程中普遍面临的问题和困惑的解决方案。

好教师和差教师的区别不在于他们懂得多少，而在于他们如何行动。"教师专业提升训练计划"，不是一套抽象的理论著作，更不是狭隘的课堂教案集锦，而是为教师们提供了一整套行动计划：用案例，直击教师生存现状；用行动，解除教师职业困惑；用反思，释放教师工作热情；用理念，激发教师教学智慧。它的语言和文字有着独特的魅力——朴实形象而充满激情、严谨智慧而不失幽默，充满理性的职业思考、真实的教育情感和高超的教学艺术，既可以作为入职和在职的培训用书，也可以成为个体教师提升自身职业素质和生命价值的枕边书。

在今天，教师职业的特殊性决定着教师的阅读不同于一般怡情悦性等极具个性、极私人化的阅读，当教学实践的论述开始远离中小学，当大学和学院掌握了话语权，当教学研讨对教师失去了意义，当教师疲于奔命在教室与办公室之间而放弃了珍贵的阅读，我们编辑出版了这套"教师专业提升训练计划"。

本套书系就是要为改变这一切而努力，为教师群体带来一场新鲜而别样的阅读认识：我们提倡"悦"读，用快乐的学习过程来达到提升教师素质的目的。

课程改革，唤醒了教师的专业意识，也唤醒了教师对教育专业的学习和提升热情。我们期待着与您共同畅游教育的海洋！

"教师专业提升训练计划"编委会

目 录 |CONTENTS

第二部分：解决"做什么"和"怎样做"的问题

CONTENTS

CONTENTS

序一 |PREFACE

　　结合基层教师日常教学实践，组织开展课例研修是近年来方兴未艾的促进教师教学专业能力发展的一种全新方式。北京市西城区教育研修学院借鉴上海地区的先进经验，在全区中小学范围内广泛推进了这项工作机制，在提高校本教研质量、创新教研方式及教师继续教育等方面都取得了令人鼓舞的成效。

　　小学语文研修员、特级教师刘悦秉持教师专业能力发展的基本理念，和其他小学语文研修员一道以课例研修和专题研究为载体，带领西城区44所小学、近千名小学语文教师聚焦小学语文教学中的重点和难点，开展了富有成效的团队研修。借助上述研修过程，他们不仅汇聚了行之有效的小学语文教学经验，梳理了课例研修的实践策略，还由此探索了以课例研修为载体，为基层教师搭建专业能力发展脚手架的创新性实践案例。

　　这是一本一线小学语文教师应用课例研修策略，改进自身教学的实践方法指导书。该书有三个显著特点：首先，按照小学语文教材内容涉及的字、词、句、段落、篇章、朗读、默读、说明与思考等课程标准为主线，紧扣教学重点和难点选取内容，十分契合小学语文教师的教学实际。第二，编写者按照解读/认知、案例/方法、指导/总结、建议/关键点来设计体例结构，中间插入鲜活的教学研究图片，为学习者搭建了提高教学能力的学习路径和改进实践的脚手架。第三，作者们独具匠心地汇集了现场图片、音乐背景和电子版等要素制作电子书，体现了对教师读者的深切理解和使用感受的体贴。

西城区教育研修学院历来就是北京市基础教育教学专业资源的一个重要发源地。在过去几年中，本人有幸与齐渝华院长和刘悦老师共同设计了以团队研修为形式的骨干教师培训课程，从中也受益良多。在此，我谨向她们以及参与研修的每一位老师表示由衷的祝贺和敬意！

我相信，这本由一线教师在总结自身创新实践探索基础上沉淀形成的研究成果，一定能够成为广大同行教师提升自身教学专业水平，提供高质量教研服务的有益资源。同时，也希望更多的教研员和教师能够借鉴本书特点，针对其他教学专业技能发展需要，创造出更多的教学研究成果。

是为序。

张铁道

北京开放大学副校长

原北京市教育科学研究院副院长

西城区小学语文骨干教师培训项目顾问

2012年9月25日

序二 |PREFACE

课例研修的规范与创新

摆在我们面前的这本《小学语文课例研修的8个实践策略》，是北京市西城区教育研修学院院长助理、小学教研室副主任、特级教师刘悦带领她的40余人的市、区级骨干班的研修团队，历时五年，在原西城区42所小学区域推进课例研修项目的经验总结；是西城区1200名小学语文教师全员参与课例研修团队实践智慧的结晶；是深入到学科领域，具体应用行动教育方法的课例研究方法的指导书。我想，她的价值至少体现在三个方面。

一、区域推进课例研修的一个典范

在全国各地，能在几所学校、某几个学科开展课例研修的地区可谓不少，但是在区域范围内，一个学科能推进到所有的学校，能让所有该学科的老师全员参与，就是非常难得的了。

西城区的课例研修成为区域推进的一个典范，大致经历了6个阶段：

——唤醒阶段

通过举办项目骨干和校长的高级研修班，学习项目首席专家报告、讲授课堂观察技术和课例研究方法，系统学习一本理论专著《行动教育——教师在职学习的范式革新》，组织项目骨干赴上海教科院教师发展中心专题学习、考察、交流，唤醒了志愿者变革的愿望，意识到还有一种不同于以往传统经验式听课、任务式教研的方法——课例研修方法，由此点燃了变革的火种。

——尝试阶段

刘悦老师作为北京市、西城区小学语文学科带头人，率先深入阜城门外一小和展览路第一小学，指导青年教师尹靓楠，围绕《"凤辣子"初见林黛玉》这节课，亲历亲为课例研修的全过程，积累了百万字的文字资料和完整的视频课例，从课堂观察中学会了做专业的课堂观察，从课例研修中学会了规范的课例研修。

——建构阶段

刘悦老师协助齐渝华院长组织区级项目骨干在14所中小学、幼儿园、特殊学校试点开展课例研修的基础上，编写出了《课例研修手册》初稿。在探索实践的基础上，初步建立了课例研修的规范流程、要素和执行手册。

——反馈阶段

进而，刘悦老师又通过多期小语骨干研修班的应用实践，采取边学习、边实践、边研讨、边改进的方式，不断实践反思，梳理提炼，编制出了《小学语文课例研修手册使用指南》，并将各校课例研修的电子书挂网共享。

——推进阶段

刘悦老师和西城区小语室的研修员通过以他们为版主的"西城教育研修网"分年级小学语文学科网络协作组，与各校的语文教研组、备课组活动对接，在五年间，滚雪球似的将课例研修活动推进到全区42所小学、每个年级小学语文备课组。

——辐射阶段

现在，西城区教育研修学院在李燕玲院长带领下，首先在小学语文学科，完成了学科课例研修方法、策略的总结，并计划今后几年，在各个学科辐射推广，系列出版，完善提高。

二、学科课例研究方法的一个突破

纵观近年来美国在社会科学研究方法领域的出版物，其数量之多，门类之齐全，覆盖之广泛，各种研究方法研究之深入、具体，操作性之强，我们很难望其项背。改革开放以来，我国教育科研方法的专著也出了有二三十本，每本书都是面面俱到，内容大同小异，谈调查，谈统计，谈问卷，谈文献，谈访谈，谈案例，谈经验总结，谈叙事研究，谈质的研究，谈行动研究……各种方法从概念到要素，从程序到特点，屡屡都有介绍。但由于铺得太开，很难聚焦某种方法，做深入细致的剖析。这样读者对各种方法只能略知一二，而在什么情况下，选择什么方法最恰当，具体某种方法如何运用，具体怎样操作，操作的要领，操作中遇到各种问题当如何应对，对这种研究方法的细节，很难有深入的分析，也缺乏典型案例的支撑。

本书，具体到课例研修的一种方法，深入到小学语文一个学科，梳理出了8个实施的策略方法，通过不同年段、不同内容、不同课型的典型课例，深入浅出地介绍了在小学语文课例研修过程中，如何组织研究队伍，如何制定研究方案，如何确定研究主题，如何开展文献研究，如何召集课前课后会议，如何进行课堂观察，如何对教学行为改进和对研究成果加工整理。针对各种问题的解决，都有典型的案例做支撑。

这本书很好地体现了以学科为基础，以问题为中心，以案例为载体的培训原则。"徒有理论（原则、概念），难免空泛，光讲方法（技巧、策略），易致盲目"。而以课例为载体的主题研究和方法介绍，恰好可以弥补上述两种途径"空泛"与"盲目"的缺陷。从这个意义上来说，这种出自某一学科骨干教师的某种方法的操作总结，对广大同学科教师来说，更具有实践操作的指导性和借鉴价值。这在教育科研方法的方法论研究上，实现了一种质的突破。

三、实践体验式培训课程的一个创新

随着我国中小学教师学历水平的大辐提升，教师培训的重点已从学历补偿式的培训和任务驱动式的集中培训转向以能力提升为重点的混合式研修。而西城区教育研修学院在课例研修的过程中又创新了这样一种实践体验式的培训课程。它的基本流程是：

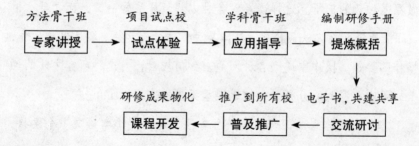

它一改以往专题讲座，我讲你听，我说你记，单向传递的被动式培训，变成专家报告，方法引领；实践体验，骨干先行；指导应用，深入领悟；提炼概括，梳理要领；平等交流，共建共享；由点到面，普及推广；成果物化，课程开发。这是一种主动参与、实践体验、共建共享、多向交流的动态的生成式培训。首先，学科带头人通过专家的引领，自己的切身体验探索，将课例研修方法创造性地应用进本学科，做出课例研修的示范课，通过行动教育的方式将专家讲授的理论方法内化成自己的实践知识；进而通过骨干培训，引导骨干教师组织、指导本校教研组开展课例研修，编制出研修手册使用指南，将内隐的知识外显。在这些骨干教师作为改革火种，实践体验、点燃指导伙伴开展课例研修的过程中，也大大提升了自身的研修能力。同时，又在群体参与课例研修的过程中建构生成了取之不尽、用之不竭的新的课例研修资源。它生动地体现了教师学习的特点："听中学，做中学，听懂了把它说出来，做好了把它写出来"。

学无止境，教无止境。西城区刘悦团队的课例研修仅仅是个良好的开端，在终身学习、有效学习、合作学习的进程中，我们期望他们还有更精彩、更丰硕、更深刻的研修成果在后头。

周 卫

原上海教育科学研究院教师发展研究中心主任

中国教师研修网培训总监、研究员

北京市西城区课例研修项目首席专家

2012年11月8日

序 三 |PREFACE

致西城区小学语文课例研修团队

北京市西城区教育研修学院是直面一线中小学教师的基层教师研修机构。在为本地区在职中学、小学、幼儿园教师专业发展服务中，我们常常问自己：在基础教育的第一线，先进的教育理念转变为教师的教学行为如何实现？教师参加各类学习后，怎样才能实现行为的跟进？怎样帮助区内更多的职初教师成长为富有经验的优秀教师，进而成长为专家型的教师？区教师研修机构怎样帮助学校教研组开展更为有效的教学研究活动？教师们如何成为真正意义上的互助学习、研究、工作伙伴？中小学和幼儿园教师最应该做什么研究？先进的教育成果、经验、教育科研成果如何从教育科研的"实验室"的"试管"进入广袤的教育"大田"？为此，直面一线的区级教师研修机构应做些什么？

毫无疑问，教师在职业生涯中最应该研究的是自己的教学。没有一位教师在年复一年的教学中，不是在研究着如何教书和如何教好书。

记得2008年春季，我邀请刚刚退休的周卫老师到西城区教育研修学院作学术报告"课例研究的方法"，会后，便在学院研修员中开始招募学做课例研究志愿者——带着若干所学校的本学科教师，征得该校校长同意后，进入西城区课例研修工作站，学做课例研究。周卫老师被聘为工作站的首席顾问。于是中小幼十二个科目，西城区内二十三所学校、幼儿园的一百余位干部教师，在学科研修员的邀请下，一同进入西城区第一期课例研修工作站，开始在"学"中"做"课例研究的历程。

工作站以学期为时间单位，至今已举办到第十期。近五年，刘悦老师带领的小学语文学科课例研修团队的发展，见证了西城课例研修工作站的成长，也为课例研修进入学校、进入教研组、进入常态区域教师培训工作做出特有的贡献。

第一期工作站结束，大家感觉是"认认真真"而又"懵懵懂懂"地走过第一轮学做课例的过程，课例做得未必成功，但每个人都说自己收获很大。这其中收获量最多的是由两所学校教师组成的小学语文研修团队——写出并公开发表了第一篇课例研究报告——《小学生感受文学名著中人物性格的教学策略——〈"凤辣子"初见林黛玉〉课例研究报告》；4位小学语文教师按照做课例时的分工，在2008年西城区教育科研周上做了打动人心的团队专题汇报。学做课例开始进入更多西城学校干部教师的视野。

研修员与专职教育科研人员不同的是，常规工作是做区域学科的教师培训与教学研究指导工作，"课例研究"要真正走进西城的教育大田，进入中小学幼儿园，使更大范围的教师在开展课例研究中受益。作为负责全区教师专业成长与提高教学质量的教师培训机构，不得不考虑开展课例研究的"变式"。因此课例研修工作站从第二期起确定了四项任务：课例研究常态化、课例研究组织指导学科化、学会课例研究的培训工作课程化、课例研修最终校本化。

2009年秋季，由工作站多学科研修员合作的通识本"西城区课例研修手册"初稿编写出来后，刘悦老师带领的小学语文团队不仅率先在区骨干教师脱产培训中，组织老师在学习手册、试用手册为手册作者提修改建议，同时在张铁道博士（时任北京市教科院副院长）的建议下，他们精心编写了学科指导手册——《小学语文课例研修手册指南》。骨干班教师学理论后，特意安排回到本校带着教师做一轮课例，这些骨干教师们成为本校语文课例研究的培训者、组织者、指导者，深受校长和本组教师好评。最后在脱产培训结业式上，让骨干教师谈的最多的是这种"学中做"、"做中学"的课例研修中的故事与收获，透过溢于言表的感慨，与会者都能感受到他们由专业成长带来的欣喜。这些骨干教师不少人后来成为学校领导，他们带动起学校更多学科教师开展课例研修。

从第三期课例研修工作站开始，各学科研修员都在自己的岗位上探讨如何利用每周半天的全区学科教师集中培训时间，开展常态化的区域教师课例研修。小学语文学科推出网络培训与面对面培训相结合，区研修学院小学语文学科室统一指导、区学科骨干教师示范、各校语文教师团队尝试在本校学做课例研修，经过一个学期的研修实践，探索出区域教师培训机构组织大规模的以校为本的学科课例研修经验。期末，在西城教育研修网小学语文学科协作组中，可以看到许多教师群体在参与了课例研修后那些满满的收获。

2010年10月，我和西城区课例研修工作站的同事们共同完成了《怎样做课例研修——直面教学的教师群体专业发展》一书的编写工作，正式出版后，2011年教育部将此书列为推荐教师暑期阅读书目。刘悦老师作为副主编和作者，付出了大量时间和精力，也提供了很多富有深度的见解和鲜活的实践素材。

2010年我退休后，刘悦老师作为院长助理开始主持课例研修工作站的工作，同时又集小学语文教师的智慧，编写完成《小学语文课例研修的8个实践策略》一书。这个团队又一次走在实践研究的前面了。在西城区课例研修常态化、学科化、课程化、校本化的道路上，小学语文研修团队的贡献是令人难忘的。我佩服这个团队！我喜欢浸透在这个团队中的文化氛围。

在西城区课例研修工作站启动会上，我作的动员中有这样一段话："我们做教师培训工作，就是要满足教师现实发展需求，引导教师潜在的发展需求。为此，我们希望自己站在教育发展前沿，把有教育理论支撑、有教育实践积累、有教育经验升华、有教育研究深化的教育成果，吸收、借鉴、转化成为提升西城教育的财富，成为西城教育内涵发展的组成部分，不断引入学校，引入教研组，成为学校持续发展的动力，成为教师群体增强持续成长的动力。"我想，这是基层教师培训工作者不懈的追求、不变的初衷。

齐渝华

北京市特级教师

原北京市西城区教育研修学院院长

西城区小学语文骨干教师培训项目顾问

2012年11月8日

前 言

经历是永远的财富

> 讲得一事，即行一事，行得一事，即知一事，所谓真
> 知矣。徒讲而不行，则遇事终有眩惑。
>
> ——（明）王廷相

2008年初，北京市西城区教育研修学院成立了"西城区课例研修项目工作站"，至今已有四年，一共进行了八期研修活动，初步尝试了课例研修规范化、本土化、区域化、常态化、课程化、学科化、校本化的系列探索。

西城区小学语文学科是第一批志愿进入工作站的学科"志愿者"，我们遵循每一期推进的重点内容，自觉自愿地在有限的时空中，扎扎实实地研修，力求留下值得后续借鉴的、高质量的阶段研修成果。"西城区小学语文课例研修大事记"记载了我们在学院引领下的研修足迹。

西城区小学语文学科的课例研修是一个逐步本土化、学科化、常

西城区小学语文课例研修大事记

时间	期次	研修形式	学校数	人数	研修特色及阶段成果
2008.4—2008.8	一	跨校骨干	2	14	试点校学做规范的课例研修\尝试团队研修
2008.9—2009.2	二	跨校骨干	2	10	试点校学做规范课例研究\建立区域团队研修机制
2009.2—2009.8	三	学科骨干	21	22	参与修改学院《课例研究手册》
2009.8—2010.1	四	区域骨干团队	21	21	区域骨干团队课例研修\建立区校联动团队研修机制\用电子书汇集研修成果
2010.3—2010.9	五	学科骨干	1	1	参与学院撰写《怎样做课例研修》(高等教育出版社出版)
2010.9—2011.2	六	区域骨干团队带动下的区域年级	42	700	区域骨干团队带动下的各年级课例研修\片级协作组下九十多个跨校研修团队成立
2011.3—2011.8	七	校本研修	3	40	尝试将课例研修纳入常态下校本研修制度
2011.9—2012.3	八	区域骨干团队带动下的校本研修	15	72	在校本课例研修中，区域课例研修带动下的校本研修接待外省市(长沙市)和本区教师的观摩和研讨
2012.3—2012.6	九	区域年级	42	800	将区域各年级课例研修成果视频化后，尝试开展网络视频案例研修
2012.8—2013.1	十	学科骨干	9	15	撰写《小学语文课例研修的8个实践策略》一书(中国青年出版社出版)
2013.2—2013.7	十一	区域骨干团队带动下的区域年级	42	100	录制学院《小学语文课例研修》网络课程
2013.8—2014.1	十二	区域年级	42	800	常规课例研修与视频案例相结合的混合式研修的探索

态化和校本化的过程。在这个过程中，我们先从区域骨干教师、试点学校学习和实践"行动教育"的基本模式做起，然后结合学科年级或学校的特点，慢慢辐射到区域所有学校及普通一线教师的常态研修和校本研修当中。我们不仅注重做好每一阶段该做的事，更注重及时"回头看"，用方法论作指导来反思我们是怎样做的，怎样还能够做得更好。由此，不断建立了适宜各种组织形式下的课例研修学习、研修、交流和成果提炼机制，保证了小学语文教师在浓厚的研究氛围中，积极、专注、富有成效地提升学科教学能力和学科素养，促使大家在奉献智慧中，共同分享研修带给自我成长和团队成长的幸福！

在这个过程中，小学语文学科遵照学院设计教师研修课程的要求，借助我们在2009年和2011年分别承接的市级小学语文骨干教师带薪脱产培训项目，把课例研修列为区域特色课程，使之成为为期一个月，合计170课时的学习模块。骨干教师采用学中做、做中学的方式，在理论学习的基础上，学员回到学校真实的教学教研情景中，组织教师开展课例研修，构建了基于教师能力建设的、做学结合、知行合一、系统的课例研修课程的雏形。我们开始探索如何使课例研修向学科课程化的道路上迈进的问题。

在八期实施课例研修的过程中，我区44所小学、近千名小学语文教师与学校领导参与其中，培训教师800余人，累计做课200多节，已完成课例研究报告35篇，制作电子书21本，研制课堂观察表数十份，收集教师课堂实录、研讨实录、反思日记、随笔数十万字，开发了一批适应新课程的小学语文学科教学文本课例和视频课例，积累了大量过程性和终结性的研究资料。我们还将其中最有价值的研究成果，转化为小学语文教学的指导意见和方法指南，体现了课例研修前瞻、引领的意义。

除了以上物化成果以外，课例研修带给我们更多的是研修理念层面的提高。课例研修使研修员的专业判断力和研修活动的设计、组织、指导能力逐步提升，使研修员的研究意识和总结提炼能力得到提高；课例研修让教师参与研修活动变被动为主动，让教师在参与研修活动的过程中更加注重"理性反思"和"合作分析"，形成研究意识，养成研究习惯，培养研究素养、提高研究水平，从而加快由经验教师向研究型教师的转变。更为重要的是，课例研修促进了区域教师学习共同体建设和校本研修制度的创新，培育、发展了良好的小学语文的研修文化。

这段难忘的研修经历，将成为50、60、70后一代小学语文研修员引以为荣、弥足珍贵的财富，这些珍贵的财富也无声地记录了一批西城区小学语文教师的成长，这些记录着团队研修进步的资源，必定会成为语文教师研修一体的专业课程资源，寄托着继往开来、持续发展的期待。鉴于此，我们精心编撰了本书。

本书是《怎样做课例研修》（齐渝华主编，刘悦副主编，高等教育出版社出版，2010年10月）的姊妹篇，是将课例研修理论方法深入到小学语文学科中尝试和总结的实践篇。这本书不仅直接适用于广大小学语文教师和语文教研员阅读和学习，而且有益于学校领导带领非语文学科教师们在实施校本研修中借鉴和拓展。

本书在总体结构设计、目录章节斟酌、书名反复推敲、全程编写进展等方面均得到了北京开放大学副校长、西城区小学语文教师培训顾问张铁道博士的悉心指导。北京市西城区教育研修学院李燕玲院长对本书的编写给予了大力支持和鼓励。

参与本书编写的教师和小学语文研修员都是近四年来深度参与课例研修的骨干，他们是（按姓氏笔画排序）：王永红（西城区黄城根小学六年级语文教研组长、中学高级教师、北京市骨干教师）、王爱军（西城区教育研修学院小学部副主任、中学高级教师、北京市骨干教师）、王媛媛（西城区进步小学语文教师、小学高级教师）、尹红（西城区展览路第一小学教学主任、中学高级教师、北京市骨干教师）、尹靓楠（西城区阜成门外一小语文教师）、李立雪（西城区奋斗小学教学主任、小学高级教师、西城区骨干教师）、李淑敏（西城区教育研修学院研修员、中学高级教师、北京市骨干教师）、刘悦（西城区教育研修学院院长助理、中学高级教师、北京市特级教师、北京市学科带头人）、任敏（北师大亚太实验学校教学主管、小学高级教师、西城区学科带头人）、杨伟宁（西城区教育研修学院小学语文室主任、中学高级教师、北京市学科带头人）、张春明（西城区教育研修学院研修员、小学高级教师、西城区学科带头人）、金梅（西城区教育研修学院研修员、中学高级教师、西城区学科带头人）、赵彤彦（西城区展览路第一小学语文教师、中学高级教师、西城区学科带头人）、曹琳（北京实验二小语文教师、小学高级教师、西城区学科带头人）、曹立军（西城区三里河三小教学大组组长、中学高级教师、西城区学科带头人）。

这十五位教师在2012年7、8月间，不顾暑热，放弃暑假休息，共同梳理了四年来全区小学语文教师课例研修中的实践体会。大家怀揣着一份责任、自信和勇气，在电脑前倾注着自己心血和智慧。这样做，是想让更多的老师看了本书后能知道：什么是课例研修，课例研修能为您的教学和研究带来怎样的效果和启示，我们能为您提供怎样的帮助，团队教师通过做课例研修能怎样提升自己的教学能力和团队研究水平……我相信，课例研修会把我们和您连在一起！

最后，衷心地向所有为西城区小学语文课例研修做出贡献的专家、领导和教师们致以崇高的敬礼！

刘　悦

2012年9月1日

第一部分
解决"为什么做"的问题

策略一

课例研修让教师团队的研究更有章法

（一）课例研修的
由来、内涵、特点、关键要素及价值

一、课例与课例研究

课例，是指在课堂教学中，以学科教学内容为载体并且具有一个研究主题的教学案例。课例可能是以某一课书的内容为例，可能是以某一课时的教学为例，也可能是以一课时的某一个或某几个教学环节为例，还可能是以某一人或某几人的教学实践为例。

课例研究，最初兴起于日本的授业研究（Lesson Study，也译为课例研究）。它是指一线教师或教学研究人员共同聚焦课堂，依托学科课例，通过反复研究教学行为，探求教与学规律的过程。

20世纪末以来，陆续为美国、英国、瑞典、新加坡、香港等国家和地区的教育工作者所重视、引进和改造。2006年，"世界课例研究协会"（World Association of Lesson Study）在香港成立，这是对各个国家一线教师改进课堂教学的行动研究成果的认可，标志着课例研究逐步走向国际性的学术殿堂并最终成为一个专门的研究领域。

2002年，我国上海市教育科学研究院发展研究中心和华东师范大学的研究人员开始从事课例研究。在多年综合文献研究、经验总结和对改革深入洞察的基础上，提出了在校本研修中"以课例为载体，促进教师专业发展的行动教育范式"，详见王洁、顾泠沅著《行动教育 教师在职学习的范式革新》。

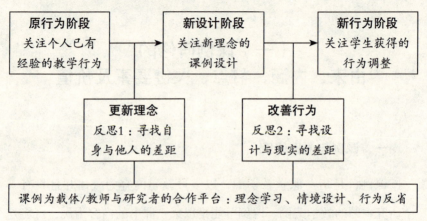

图1-1 "行动教育"模式中的"三次实践、两次反思"

课例研究的主要特点体现在：

1. 主张在真实自然的教学情境中观察和改进教师的教学行为。

2. 教师在同伴与专家的帮助下，以课堂观察为工具，设计、反思，再设计、再反思。在反思的过程中，教师要关注自身与他人的差距、理念与现实的差距。与一般的反思相比，这就将他人的经验也扩充进教师的经验范围，并且注重理论与现实的切合，避免了狭隘的经验主义。

3. 从课堂教学中亟待解决的问题出发，寻找课堂教学关键事件，追求课堂教学中行为的改进，教师教学能力的提升。

二、课例研修的内涵、特点及关键因素

学科教师的研修既要有接受间接经验的讲授式培训，又要有对实践经验进行反思的思辨式讨论，更要加强解决真实问题的实践改进及建构性学习。2008年初，北京市西城区教育研修学院基于在教学实践中培养研究型教师、促进学习型教师团体的成长和探索有效的区域教师研修模式的思考，成立了西城区"课例研修"工作站，经过两年的探索，已经将其转化为西城区教师研修一体培训的基本模式之一并编著了《怎样做课例研修》（高等教育出版社，主编齐渝华，副主编刘悦）。这本书现已是"国培计划"资源库首批推荐课程资源。

《怎样做课例研修》成为"国培计划"中小学教师培训教材

课例研修，是结合区域性常态教研和培训的特点，依据区级研究机构有效支持校本研修的职责，以帮助基层教师学会做课例研究和帮助校本教研的组织者学会组织以课例研究为内容的、以提高教师学科专业水平为根本目的的团队研修。

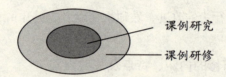

图1-2 课例研修与课例研究的不同

课例研修不仅具有课例研究的主要特点，而且更突出研修的特点，体现在：

1. 课例研修是在对常态课堂教学的科学观察、深度反思和教学行为的持续改进中，将日常教学与研修、培训融于一体，提高教师研修技能和实践智慧。

2. 课例研修重视理论、实践与成果提炼的契合，引导教师及时整理和提升个人教学经验，反思团队的研修方法，使其成为教师团队成长的专业课程资源。

3. 课例研修要去"功利"、"表演"和"示范"，为教师的"发展"而研修。

4. 课例研修小组成员的构成合理，分工明确，在研修中形成相互依存、相互尊重、民主和谐的研修文化。

课例研修包括以下八个基本要素：

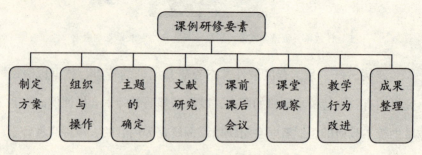

图1-3 课例研修八个基本要素

三、实施课例研修的价值

1. 课例研修崇尚教师同伴互为资源，在群体互助中"做中学""学中做"，知、行、研合一，努力将所学知识转化为教师个人或群体的成功经验，教师在分享经验和形成实践智慧中，获得在团队研修中成长和为团队研修成效做贡献的归属感和成就感。

2. 通过实践形成的课例研修课程资源，能够成为与国际这一研究领域接轨的、辐射范围更广的学科教师开展培训的课程资源。

策略一

课例研修让教师团队的研究更有章法

（二）借助案例，简介课例研修全貌

本案例是2009年9月至2010年1月北京市西城区带薪脱产小学语文骨干教师半年的课例研修经历，真实记录了研修中方案的修订、实施和课例研修成果总结的主要过程，便于读者理解课例研修的实质内

2009西城区小学语文带薪脱产班全体学员和学科负责人刘悦、金梅老师结业合影

涵和意义。

一、课例研修方案的修订

西城区小学语文学科带薪脱产项目负责人刘悦尝试应用课例研修来帮助骨干教师架起一座有效连接教学理念与课堂行为的桥梁。她在调研的基础上，初步制定了如下课例研修课程方案，见表1-1。

表1-1 2009西城区小学语文带薪脱产培训班"课例研修"课程方案（原方案）

阶段	课时	内容	形式	主讲人
学习阶段	40课时	课例研究的理论；教学案例等	听讲座、报告；观摩研究课	专家前期实验教师
实践阶段	80课时	班内学员按年级组成六个课例研究小组，同时作课	备课–上课–观课–议课–再上课……（三课两反思）	班内学员轮流执教
总结阶段	40课时	从教学设计、教学实施、反思和书面表达能力等方面总结	写出单元教材分析、教学设计及反思案例；整理视频课例、教学课件等	班内全体学员

看到刘悦的原方案后，北京教育科学研究院的原副院长张铁道没有直接做评判，而是讲述了多年来他把研究教师专业发展的理论与实践相结合，带领不同学科教师团队针对教学需求开展的一系列教师研修实践的故事，并参照刘悦的初步构想，帮助她构划了一个清晰而详细的旨在发展教师能力的研修课程框架，两人多次网上交流后，最终为学员们量身定制了一份全新的"课例研修"课程方案。

表1-2 2009西城区小学语文带薪脱产培训班"课例研修"课程方案(新方案)

阶段	日期及课时	教学任务与内容	主讲人	预期阶段成果
学习阶段	9月23日至11月6日 124课时	1. 看光盘:《学生需求、教学改进,教师发展》——推进高中新课程发生在北航附中的故事;2. 根据题目,讨论交流。	张铁道与北航附中科研室王玉萍主任校本教师研修实践案例报告	个人撰写观后感受,形成共识,制作第一本电子书。
		根据思考题,学习并审阅西城教育研修院编写的《课例研究研修手册》。	学员	个人撰写《我议〈课例研修手册〉》的报告。制作第二本电子书。
		班内学员交流个人撰写的《我议〈课例研修手册〉的报告。	学员	相关的演示文稿
		班内组成研究小组,汇集大家意见,撰写《我们议〈课例研修手册〉》的报告。	执笔人:学员李京然、韩亦恂	完成《我们议〈课例研修手册〉》的报告。
		集体过稿,改稿。	负责人刘悦和班主任全院领导带领学员	修改《我们议〈课例研修手册〉》的报告。
		学院召开第四期课例研究启动大会。会上,学员代表2人宣读《我们议〈课例研修手册〉》的报告;学员代表3人宣讲课例研究方案;专家点评。	专家及学院第四期课例研究组成员和全院研修员	根据大家的建议,再完善《我们议〈课例研修手册〉》的报告。
		班内学员听讲座:如何进行课例研究	周卫教授专题指导	提出制订方案中的问题,专家答疑。
		每一位学员撰写:回到自己学校进行课例研修活动的全程设计方案	学员	进行课例研修活动的全程设计
		学员和小组研修员相互沟通讨论方案的可行性,再作修改。	学员与指导教师	编辑《课例研修全程设计方案集》

续表

阶段	日期及课时	教学任务与内容	主讲人	预期阶段成果
实践阶段	11月9日至11月23日 120课时	1. 每一位学员回到自己学校组建小组，学习《课例研修手册》，带领的核内课例研究成员选课备课，开始上课。 2. 每一位教师研究成员分别下到三所学校，负责协助三位学员进行课例研修，并组织相互观摩。 3. 学员组织学校的组员整理文字、视频资料。具体包括：①教师教案、有关课堂实录（文字及视频）；②教师议课实录及文字手段的设计及运用情况等；③教师反思及改进意见（文字）；④课堂观察技术手段的设计及运用情况等。以上资料要随时上传研修网"小语带薪脱产班"主页		学员回校带团队进行案例实践
		班内每一位学员进行课例研修成果汇报	负责人刘况和班主任金梅带领	相关的演示文稿
		班内每个人课例研修成果汇报	主讲学员	相关的演示文稿
总结阶段	11月30日至12月25日 80课时	班内每个人课例研修成果汇报 修改个人课例研修报告	学员	相关的演示文稿《**课例研修报告》
		1. 个人修改　2. 相似主题组修改 3. 相同年段结组修改	学员	《课例研修报告》制作第三本电子书
		《西城区小学语文课例研修手册使用指南》的创意、编写、二次研讨、成型、修改过程	学院第四期课例研究组成员	《课例研修手册使用指南》制作第三本电子书
		1. 如何写教育叙事； 2. 学员撰写发生在课例研究中的故事。	曾凡丽老师	《课例研究的故事》制作第五本电子书

1. 课例研修方案是团队研修教师能力得以发展的共同愿景

（1）课例研修方案要有明确的指导思想。将西城区小学语文带薪脱产培训班课例研修课程方案（新方案）表二与表一对比看，表一旧方案中由于设计者没有深入意识到课例研修的深刻价值，缺乏指导思想的表述和对教师能力培养的高度重视。而新的课程方案则突出体现了小学语文骨干教师在与同伴共同研修中，"把基于问题解决的专题学习和实践改进紧密结合，把个人教研能力与有效开发和利用团队资源紧密结合，在完成挑战性任务过程中发展自己"的指导思想。

（2）课例研修方案要有清晰的内容及主线。在西城区小学语文带薪脱产培训班课例研修课程方案（旧方案）中，内容表述空泛，具有不确定性。而在西城区小学语文带薪脱产培训班课例研修课程方案（新方案）中，我们不仅能够看出清晰的研修内容，还能把脉研修主线：

| 切入点：研读和修订学院编写的《课例研究研修手册》 | → | 系列研修活动：我学《课例研究研修手册》——我议《课例研究研修手册》——我用《课例研究研修手册》——我改《课例研究研修手册》 |
| 个体研修成果：每一位学员制订不同年级、不同主题的课例研修方案，回到各自学校开展校本课例研修实践，在此基础上各自完成实践案例 | ← | 内容：理解课例研修理念，掌握并实践课例研修方法 |

团队研修成果：开发《西城区小学语文课例研修指导手册》，带动全区教师开展课例研修

（3）课例研修方案要能够促进学习型和研究型教师团队的形成。西城区小学语文带薪脱产培训班课例研修课程方案（新方案）促使骨干教师尝试参与课程设计、实施和总结的全过程，亲自营造和体验团队的研修文化。

二、课例研修的实施

1. 在真实的问题情境中，开展有意义的专业学习。

刘悦组织学员们带着如下问题分享了张铁道和北航附中科研室主任王玉萍讲述的："学生需求，教学改进，教师发展——推进高中新课程发生在北航附中的故事"。

问题：（1）你对王玉萍主任由一个旁观者到走近、到走进，最后成为研修活动的主持者这一角色转化过程，有怎样的感受？

王永红、李颖、侯丽萍等学员在观看张铁道和王玉萍讲述的："学生需求，教学改进，教师发展——推进高中新课程发生在北航附中的故事"光盘。

（2）张铁道作为一个研究活动的设计者，他依据什么确定研究专题和进程？他开展研究的最终价值又是什么？怎样能够使研究具有连续性？

（3）怎样看待与你一起研究的合作者（教师和学生）？教师搞研究过程，离不开专家的引领和校长的支持，如何处理好与他们的关系？

（4）在研究过程中为什么要积累材料？积累哪些材料最有说服力？怎样能够把"做"的"写"出来，把"写"的"说"出来，以利于影响和带动其他教师？深刻的问题引导学员们理解案例故事。

学员们认识到：第一，要敢于面对问题，把学校教育教学中棘手的问题和研究结合起来；第二，一项研究需要连续不断的干预，成果不一定要非常完美；第三，研究的成效要在学生的发展中体现出来；第四，科研和学科教学结合的系列活动才有实效；第五，正确看待教师和自己在团队中发挥的作用是真正做好研究的关键。

2. 在真实的研修情境中，遵循课例研修的基本流程，细化研修步骤。

骨干教师带领学校部分或全体语文教师在为期两周中，能够按照课例研修的基本流程进行实践，同时还细致整理提炼出了课例研修的三个基本流程，每个流程又细化为3—6个步骤：

基本流程	步骤
规划与组织	成立研修小组
	制定研修方案
	明确组织形式

续表

			确定研修主题
实施与反思	课前会议		选择研修课例
			开展文献研究
			进行调查分析
			制定观察量表
			培训研修成员
	三阶段两反思亦称三轮两反思	第一轮课	实施执教者的原教学设计
			运用观察量表分工合作观课
		第一轮课后会议	整理课堂实录
			找到教学"真问题"与研修主题的关系
			改进教学设计和观察量表
		第二轮课	根据议课实录，行为跟进
			实施研修小组改进的教学设计
			运用观察量表分工合作观课
		第二轮课后会议	整理课堂实录
			捕捉教学"关键事件"
			分析与学科本质的关系
			再度改进教学设计和观察量表
		第三轮课	根据议课实录，行为跟进
			实施研修小组再度改进的教学设计
			运用观察量表分工合作观课
梳理与提升			梳理研修经验
			反思遇到的问题及解决对策
			终结成果整理

3. 在真实的教学情境中，确定课例研修主题。

来自民族团结小学的学员曹琳最初确定的课例研修主题是"小学古诗教学有效性拓展策略的研究"。专家周卫点评道："这像专题研究，不像课例研究。如果说是以唐诗《秋思》为例来研究有效拓展策略的话，我帮你换一个题目——'从教师拓展到引导学生个性拓展的研究'，旨在教师通过引导学生精读张继的《秋思》后，让学生进行个性化的阅读与拓展。教师可以提示学生：你们自己还读过哪些与《秋思》情感相类似的古诗，可以配上画面，配上音乐，诵读你喜欢的那首诗，讲一讲你为什么喜欢这首诗，它和张继的《秋思》有什么不同？这样做，通过比较阅读的方法举一反三，把精读和泛读联系起来，同时又尊重学生的可接受性和学生的个性化的阅读。"曹琳及团队老师们听后很受启发，认为周卫教授为他们点明了一条积累古诗的途径。但五年级学生学习古诗的重点和难点在于感悟诗人表达的情感和表达情感的方法，最终他们把研修主题确定为"在古诗学习中，感悟诗人表达情感的方法研究"。

可见，课例研修的主题应具有真实性、普适性、可行性和延续性。主题明确之后，教师团队又将主题分解，明确其中的关键词，最重要的是要找到关键词之间的逻辑关系。例如"在古诗学习中"表明了研究范围，"诗人表达情感的方法"表明了学习和研究的内容，"学生感悟诗人表达情感的方法"表明了学习和研究的方法。

确定课例研修主题可以来自对教师课堂教学行为的观察和研究，对学生学习方式的研究，对教学内容的研究和对教学设计中"关键事件"的研究等角度。教师有时会发现选择的课例内容和研修主题之间出现"脱节"现象，如果继续沿着之前的主题进行讨论，势必会导致课例研究的无果而终，或在研修过程中出现了比预设更有价值的主题问题。在此情况下，就需要教师根据课例的实际情况调整研修主题，增强课例研修的实效。要注意，在研究过程的任何一个阶段都可以修订课例研修主题。

4.在真实的研修情境中，实施课例研修。

21位骨干教师分别回到自己的学校，在"1+N"（即一人带多人研修）和"1→N"（即一人担当多种角色）的课例研修进程中，扮演着设计者、组织者、指导者、执教者和研究者等角色，享受着课例研修带来的丰富而深刻的学习体验。

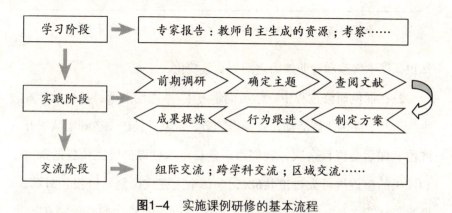

图1-4　实施课例研修的基本流程

西师附小刘娟说："我从一名只为学生讲课的'教师'变为指导教师的'教师'，其中最难的事情是你的想法或建议怎样被别人接纳并愿意改变他自己的行为；但当我们诚恳地把带有残缺或遗憾的备课、上课、议课、反思等如同一片一片拼图精心拼合的时候，我欣喜地看到我们的团队变得更理智、更成熟，我们都愿意把教学研究做得更精彩！"

三、课例研修成果的预设、总结和提炼

1.设计方案时，就要考虑参与者获得哪些有意义的学习和体验以及有哪些话语的、行动的、文字的研修成果，从而有效地实现书本

2009西城区小学语文带薪脱产班学员们创新的十一本电子书

知识、课堂实践和专业能力之间的有效转化。

2. 在课例研修过程中，学员们学习了7本理论书籍，各自设计并主持了21个课例研修活动，观课近70节，带领学校语文教师团队展开课前、课后会议百余次，我们组织学员一起就课例研究报告的撰写和成果的整理进行大讨论共6次，学员个人完成课例研修报告21篇，撰写了21篇"发生在课例研修中的故事"，这两部分内容总计20万字。

3. 我们班集体完成了《我们议<课例研修手册>报告》、《我们改<课例研修手册>建议报告》、《课例研修手册》、《小学语文带薪脱产班课例研修全程设计方案集》和《西城区小学语文课例研修实践案例集》，以及对于课例研修价值与策略的反思并且在此基础上形成的能够指导校本课例研修的《北京市西城区小学语文课例研修教师指导手册》。

4. "电子书"承载研修成果是我们的创新。擅长信息技术的三里河三小曹立军老师先后编制了11本电子书成为随时记录每一位学员成长的数字化专业记录袋，也为小学语文教学同行创建了一份真实、丰富的课例研修课程资源（随书附赠了全部电子书内容的光盘）。

策略一

课例研修让教师团队的研究更有章法

（三）课例研修的基本模式与变式

一、熟悉课例研修基本模式

骨干教师依照课例研修基本模式"三次实践、两次反思"，即"原行为阶段（反思更新理念）→ 新设计阶段（反思改善行为）→ 新行为阶段"进行课堂观察和行为跟进。特别是在原行为阶段，教师感到与参加学校评优课不一样，它可以不受他人意志的干扰，自主备课，从而在授课中自然呈现出自己原有的认知水平。按孔子"不愤不启，不悱不发"的思想，这是教师教育与成长的最佳时机；按维果茨基"最近发展区"的理论，这就是教师专业成长的最近区域。在新行为阶段和新设计阶段，教师又能在互助学习、共同研修中成为真正意义上的伙伴，先进的教育经验与理念找到了如何根植于课堂的渠道。

二、课例研修也能做出"变式"

由于研究者目的不同，条件各异，在课例研修过程中，教师可以因地制宜、因人制宜进行适当变更。来自规模不大的中华路小学梁艺说:"研修模式要'因校而异,班额充足的学校可采取'三阶段两反思'的形式,而小学校可以把第一轮的作课改成说课的形式,由研修小组教师来扮演学生的角色,遇到问题后暂停,当即转换回自己教师的角色进行反思,再以微格教学的形式实践。还可采取'同课异构''分组异构'的形式来完成。"

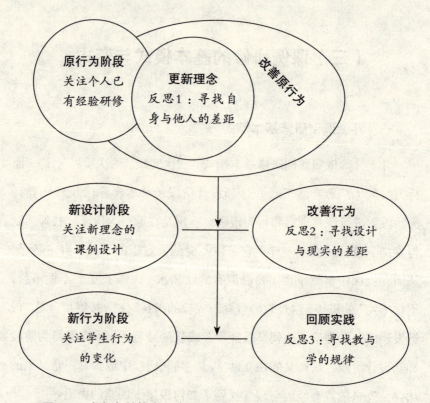

图1-5 在角色转换中,实践课例研修"三阶段两反思"的过程

在课例研修的"变式"中,以下四点也会发生变化。

1. 从授课教师来看,可以是一人同一课题,更能集中反映教师在研究过程中的变化，有助于促进授课教师的专业成长；也可以是多人同一课题，这样有助于对主题进行相对透彻的研究。

2. 从课题的数量来看，可以是同一课题，也可以是不同课题，关键在于要围绕同一研究主题展开研究。在同一课题的研究中，教师的教学策略前后相比，孰优孰劣，比较分明。在不同课题的研究中，影响教学效果的因素较多，可比性不太强，但是可供选择的途径较多，对参与教师的启发性更大。

3. 从课例的数量来看，可以是三轮课，也可以是两轮课。最主要的因素不在于课的数量，而在于课例要能集中突出研修主题，并且能够聚焦课堂关键事件。

4. 从研修的内容来看，既可以是同课同构模式，又可以是同课异构模式；既可以是对常态40分钟教学的循环跟进研究，又可以是借用微格教学对"关键事件"的循环跟进研究。

策略一

课例研修让教师团队的研究更有章法

（四）课例研修与
教学研究、课题研究和磨课的联系与区别

一、观看表格，找到联系与区别

教学研究、课题研究、磨课与课例研修一样，是各级研修组织中常见的教师研修方式，它们的联系在于教师对所关注的教育教学问题，通过持续一段时间有目的、有计划的研究，使问题得以解决，并从中探索规律。它们的联系与区别如表1-3中所示。

二、在课例研修的行为跟进过程，要关注学科内容及其实质

瑞典的Marton教授反复强调教学研究中的"形式与内涵"问题，他指出：当谈到"学习什么"的时候，我们关注的是学科内容；当谈到"什么最重要"时，我们就关注到了学习内容的实质……这就是学习研究的秘密。香港教育学院的Pong和Morris在2002年归纳了上百项有关教学改革的研究后发现：学习内容是直接影响学生学习质量的内部因素。

表1-3　课例研修与教学研究、课题研究和磨课的联系与区别

项目 ＼ 内容	教学研究	课题研究	磨课	课例研修
研究内容	有专题	有课题	有教学目标	有主题
研究目的	就一类教学问题论道	就教育教学核心问题论道	就一节课论道	就一节课中的关键事件论道
研究对象	教师行为	教师行为	侧重教师行为也重学生行为	更重学生行为变化
研究手段	观课、研讨	观课、研讨	评课表定性多些	课堂观察工具定量、定性兼有
研究形式	多人做多学科的课	多人做多学科的课课题研讨会	个人选课集体备课上公开课集体评课	三课两反思同课异构对一人一课的行为跟进对几人一课的行为跟进
研究人员及相互关系	同一学科领导-被领导	同一学科领导-被领导	同一学科领导-跟从平等协商	学科融合分工合作跟从-引导责任到人
研究成果	个人成果为集体成果添砖加瓦	个人成果为集体成果添砖加瓦	个人成果集体成果	团队成果个体都有过程性的成果

　　课例研修不能脱离开学科教学的重点、难点、关键点去谈方法和技巧，也不能只从肢解的角度分析课堂，要在教学行为的不断跟进中，改进教学环节或指导策略。同时，也要有心理准备，及"三课"之后未必都能成功，"新行为"的产生可能有"滞延"性，这就更能激发团队在常态研修与反思中的热情。

思考与行动

1. 从2009西城区小学语文带薪脱产班学员课例研修经历中，你了解到他们做了哪些富有挑战性的研修工作？可以从您感到陌生的研修内容中，提出疑惑和同伴研讨。

2. 如果您愿意组建课例研修团队或加入团队借助课例进行研修，需要做好哪些学习、实践等的准备工作？请列出提纲进行说明。

策略二

搭建平台助推教师开展课例研修

（一）课例研修方案的制定

解读/认知

方案，即工作的计划，是在工作或行动以前预先拟定的具体内容和步骤。

课例研修方案，是在课例研修主题确定之后、参与研修的成员正式研修之前，课例研修负责人在调查的基础上，根据课例研修主题，预设研修具体内容和阶段成果，策划组织和实施步骤，由此而撰写的计划。

制定翔实可行的课例研修方案对研修工作的顺利开展至关重要。它可以使课例研修的团队成员树立目标意识、强化时间管理意识、提高执行计划的自我意识和增强组织者组织实施与自我检查的质量意识。

案例/方法

案例是北京市西城区奋斗小学李立雪老师设计课例研修方案时，曾经遇到过的一些问题和尝试解决的做法。

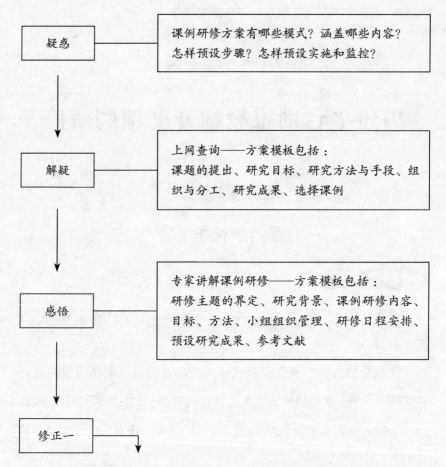

下面以课例研修方案中研修内容、日程安排和预设成果为例说明。

2009年8月27日完成课例研修方案第一稿，节选如下：

研修方案	
时间	内容
2009年10月下旬	成立研修小组，进行文献研究，设计并撰写研修方案。
2009年11月上旬	"三轮两反思"的课堂教学实践，搜集素材整理阶段成果。
2009年11月中旬	总结经验，收集作品（教师和学生）。
2009年11月下旬	整理研究成果，总结汇报。

2009年11月1日完成课例研修方案第二稿，节选如下：

研修方案		
时间		内容
第一周	周一（11.1）	设计研究方案
	周二（11.2）	成立研究小组、确定研究主题、确定研究课内容
	周三（11.3）	文献研究报告
	周四（11.4）	撰写研究方案
	周五（11.5）	设计调查问卷、第一次备课、写教学设计
第二周	周一（11.8）	问卷调查并分析
	周二（11.10）	第一轮课堂教学实践，课后议课
	周三（11.11）	整理第一轮课堂实录和议课实录
	周四（11.12）	进行第一轮反思
	周五（11.13）	第二次备课，写教学设计
第三周	周一（11.16）	搜集素材，整理阶段成果和资料
	周二（11.17）	第二轮课堂教学实践
	周三（11.18）	整理第二轮课堂实录和议课实录、进行第二轮反思
	周四（11.19）	第三次备课，写教学设计
	周五（11.20）	搜集素材，整理阶段成果和资料
第四周	周一（11.23）	整理课例研究研修成果，编辑成册
	周二（11.24）	第三轮课堂教学实践
	周三（11.25）	整理第三轮课堂实录和议课实录
	周四（11.26）	收集师生作品、整理课例研究研修成果，编辑成册
	周五（11.27）	搜集素材，撰写课题研究报告
第五周	周一（11.30）	课例研究研修成果汇报
预设研究成果		
1. 课例研修方案；2. 课例研修教学设计、教学课件及相关资料（三份）；3. 课堂观察记录（三轮）；4. 教学反思（每个成员两次反思）；5. 课堂实录光盘（视频）；6. 课堂效果检测；7. 课堂实录和议课实录（文字）；8. 调查问卷及分析报告；9. 教师和学生作品；10. 课例研究报告。		

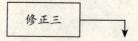

修正三

2009年11月6日完成课例研修方案第三稿，节选如下：

研修方案			
时间	内容	预设研修成果	参与者
11月6日	召开预备会：安排备课、查阅文献，明确分工、课例研修时间	课例研修方案 文献综述	全体
11月9日	查阅文献、制定第一次教学设计方案，前测及分析	教学前测分析 教学后测分析	全体
11月10日	第一轮做课、完成议课记录和观察记录1		全体
11月11日	整理课堂实录1、议课实录1		全体
11月12日	观察学生和教师反思、做课反思1		全体
11月13日	制定第二次教学设计简案、做前测访谈	三轮教学设计 三轮课堂实录 两次反思实录 拟课堂观察表 填课堂观察表 改课堂观察表 定课堂观察表	全体
11月16日	第二轮做课、完成议课记录和观察记录2		全体
11月17日	整理课堂实录2、议课实录2		全体
11月18日	观察学生和教师反思、做课反思2，制定第三次教学设计简案		全体
11月19日	第三轮做课、完成议课记录和观察记录3		全体
11月20日	整理课堂实录3、议课实录3		全体
11月23日	后测及后测分析，整理所有资料		李立雪
11月24日	撰写课例研修报告	课例研修报告	李立雪
11月25日	议课例研修报告记录		全体
11月26日	修改课例研修报告		李立雪
11月27日	完成课例研修报告		李立雪

指导/总结

一、课例研修方案是课例研修的"骨架"

　　课例研修的组织者在制定课例研修方案时，通过多种渠道的学习应周密考虑其中的要素。一般来说应包括研修主题的界定、研究背景、课例研修内容、目标、方法、小组组织管理、研修日程安排、预设研究成果、参考文献等。案例中经过三次修正的方案（节选）相同点是都显示了研修时间的推移和内容的安排，不同的是第二、三次添加了研究成果的预设和每一次活动的参与者。如若研修

李立雪、朱丹丹等学员共同讨论课例研修方案

小组成员看到修正三的方案后，必然清楚在一个月内，大家要做什么、多长时间完成、怎样做、做到什么程度、哪些内容谁更要精心做……由此，忠实执行计划、合力完成任务的内驱力得以激发。

二、课例研修内容和预设的阶段成果是课例研修"血肉"

　　课例研修的内容就是针对选择的课例进行三轮课堂教学和两轮反思的行为跟进过程。案例中第二、三次修正后的方案中，课例研修内容逐步细化到每一天，对于难度大的工作为了保证落实则分解得更细致、明确、可行。为了更好地收集研修过程中的素材，形成有价值的阶段研修成果，组织者在第三次修正方案时，把课例研修时间、内容和预设的阶段成果结合起来整体筹划，确保课例研修按期、高

质量地完成。

三、课例研修日程安排是课例研修的"消化系统"

课例研修是阶段性的研修活动，它受所选择的课例、小组成员的研修时间、教学进度等诸多因素影响，要持续近半个月至一个月，因此，周密地安排课例研修日程可以使研修内容在小组成员内及时消化吸收，推动课例研修进程，保障课例研修的顺利进行。对比修正的三个方案，在时间方面，先落实到月，再到周、到日，最后到具体时刻，体现了组织者严谨的管理作风，研修团队的每位成员只需按部就班地完成各项任务，确保课例研修质量。

建议/关键点

1. 设计课例研修方案时，确定课例研修主题是重点，也是难点。课例研修小组成员最好共同确定课例研修主题，先由学科教师讨论自己在课堂教学中遇到的实际问题，再从中筛选出亟待解决的问题。

2. 课例研修方案能否按计划实施，取决于日程安排的合理性，组织者在安排三轮做课的日程时，要考虑三轮课的间隔，既要保证课例研修小组成员在每一轮课后有时间反思、整理，又要避免因拖延时间而产生遗忘，更要避免研究倦怠的产生。

3. 在小组组织管理的设计上，要考虑小组成员的具体分工，做到因人而异。由于研修团队中的每一位成员都承担着多项任务，因此，要求课例研修的组织者一定要提前制定方案，让每一位参加课例研修的小组成员能提前安排好工作，确保课例研修顺利进行。

策略二

搭建平台助推教师开展课例研修

（二）课例研修不同层级组织形式

解读/认知

课例研修不同层级组织形式包括区域研修、跨校研修和校本研修。

区域课例研修一般由地区性小学语文教学研究机构或教师培训机构研修员（语文学科研修员或培训教师）组织实施，区域研修组织中，人员十几人、几十人到百余人不等，强调教学环节的跟进，更多关注语文学科特点在课堂教学中的体现，研修成果能够较快转化为学科教师的常态教学行为并且直接作用于学生身上。

跨校研修是指学校之间共同合作，相互交流，充分发掘不同学校的潜力和资源，实现优质资源共享，谋求共同发展的研修方式。

校本研修是以课例研修为手段，使教师的教学行为不断改进，提高教师自身教学能力和教师群体的研修实效，使动态的研修行为制度化，成为常态研修方式。

案例/方法

　　区域研修建立在跨校研修和校本研修的基础上，课例研修先在校内或校际间进行研修实验，组织和参与研修的人员获取直接经验，再把这些经验传递给区域内骨干教师，在骨干教师的带动下开展区域研修或新一轮的校本研修。课例研修递进时开展，如下图所示。

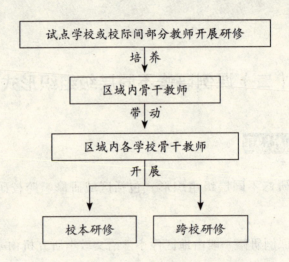

　　下面是西城区教育研修学院低年级语文研修员杨伟宁老师在课例研修中的体会。

　　杨老师在谈到具体做法时，深有感触地说："如果说在课题校中开展课例研修是一级培训的话，那么在区教研组中进行的课例研修就是二级培训，在全区的汇报与展示就应该算是三级培训了。在此基础上，各片的课例研修就紧锣密鼓地开展起来了，各片围绕着区里制定的研修主题，从不同角度不同侧面制定本片的研修主题，这样就使全区对这一主题的研究更加深入、全面了。片协作组组长负责组织本片的老师们制定片级课例研修方案，片里的教师自荐加推荐成为做课教师，其他教师均有不同分工，有的对学生进行课后访谈，有的认真阅读课堂观察记录，寻找分析点，有的细致周密地进行课后分析与反思。教师不再是观众和看客，而是研究的主人。"

　　西城区北师大亚太实验学校课例研修小组任敏老师在课例研修报告中写道："我们学校语文教师24名，其中35岁以下年轻教师19名，占到教师总人数79.17%。年轻教师多，需要快速成长，也是学校领导关注的一个实际问题。本次课例研修，不管是学校领导，还是语文组教师都全身心投入，学校领导从时间、场地、拍摄器材等方面大力支持，年轻教师各自承担不同的研修任务。核心组成员由各年级教研组长组成，进行课例研修活动的设计策划；各年级组长又带领本年级组语文教师成立二级研究团队，集中进行一个教学环节的教学实录，统计数据并进行分析。这样，不仅做到了全员参

研修员杨伟宁老师、奋斗小学李立雪老师与语文学科课例研修小组成员在做《雨点儿》一课的课例研修时完成第一轮反思

与，而且锻炼了年级组长今后组织本年级教师进行课例研修的能力。"

　　2008年，西城区第一期课例研究研修项目工作站小学语文学科项目组在跨校研修之后，展览路一小张新华校长谈到这样的感受：

　　课例研修使专家、教研员、校长与教师、教师与教师之间，学

校与学校之间构建起一种新型的合作文化。研究中周卫老师、教研员刘悦老师以共同研究者的身份参与，他们那睿智又和蔼可亲的专业指导，使大家没有了拘束，在与专家对话、与教研员结为学习伙伴过程中，一方面得到专业引领，一方面进行平等的合作，大家一起商量怎样把一节课上好，展开了一种新型的对话模式，人人有话说，有问题谈，从中吸收好的意见和创意。这样，七八个人的智慧变成一个人的智慧，一个人的智慧又变成大家的智慧，成果共享，使得教师教学行为得到改善。这种合作文化还延伸到校与校之间，课例研修是展一小与阜成门外一小共同承担的，研究中两校领导都给予了全面的支持，而且都参与其中。我们打破校际的界线，教师配合协作，学生、班级不分彼此，"你"的学生将是"我们"的学生。这种新型的以课例研修为载体的合作形式促进两校的共同发展。

指导/总结

课例研修是以对课例的研究为内容，将教师、专家和学校管理者聚在一起，确定课堂教学中关注的问题，共同在教学实践中，持续学习、反思并改进，促使团队共同成长的研修方式。从以上案例可以看出，课例研修有不同层级的组织形式，无论哪个层级的组织方式，都立足于教师的专业发展，最终服务于学生。

一、区域研修的组织方式

1. 区域骨干教师做全程的课例研修，其他教师参与培训并承担部分环节的工作。

　　某年级语文研修员组织区域课例研修小组的骨干教师确定研修主题、选择课例，执教教师分别做三轮课，小组成员做两次反思。在做课例研修全程过程中，选择一次授课和反思的过程向全区本年级语文老师开放，组织本年级语文老师参加集体培训，尝试进行课堂观察和议课，承担一部分整理课堂实录和议课实录的工作，使全区教师在培训、参与中，感受课例研修带给自己的收效。

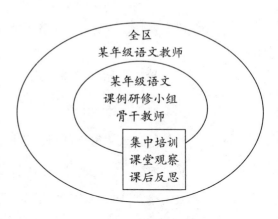

　　2. 学科全体教师参与全程课例研修的组织方式。

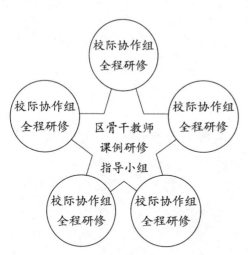

　　如上边的案例中，西城区教育研修学院低年级语文研修员杨伟宁老师谈到的课例研修方式由研修员组织教师全员参与，由区骨干教师，即片级协作组长带动校际协作组逐步扩展和推进。这种方式能让每一位教师至少参加一次全程课例研修。

　　3. 区域部分教师专项研修的组织方式。

　　在区域教学研究或教师培训组织者举办的部分教师参加的集中培训中，设立系统的课例研修课程模块，如专题一中的举例"西城区小学语文教师带薪脱产骨干培训班",就属于这种研修方式。

二、校本研修的组织方式

1. 全校语文教师研修

学校校长或主管干部组织全校语文教师参加课例研修,使动态的研修行为制度化,成为常态研修方式。如前面案例中"西城区北师大亚太实验学校课例研修小组"的研修方式,以课例研修为手段,促进全校语文教师的教学行为不断改进,提高教师自身的教学能力和教师群体的研修实效。

2. 年级教研组教师研修

教研组是学校教学管理的基本单位,是教师研修和专业成长的具体环境。参加研修的教师研究背景一致,研究内容一致,教师间的差异能够形成互补。年级教研组研修是课例研修校本化的重心。

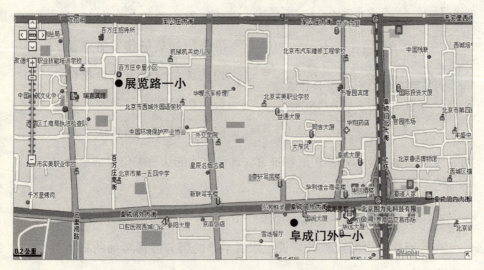

西城区展览路一小和阜成门外一小成为小学语文第一个跨校课例研修团队

三、跨校研修的组织方式

跨校研修应关注选定学校跨校研修的客观条件，两校址间路程不能太远，校长得非常重视教学和教师专业发展，课例研修小组成员中要有骨干教师引领，选定参加研修的教师应善于合作，具有较强的反思总结能力。而且，跨校研修要明确项目负责人，明确研修进程，便于管理协作。

建议/关键点

1. 区域研修在组织形式上可由某年级语文研修员带领一部分教师参与全课程课例研修，其他语文教师参与课例研修的某些环节；可以由语文研修员带领骨干教师先做课例研修，再由骨干教师逐步带动学科全体教师参与；还可以由区域教学研究或教师培训组织者举办部分教师参加的培训班，在培训课程中设计实施相应的课程模块，开展课例研修。

2. 校本研修依据学校具体情况组织开展。在办学规模相对较小的学校，校本研修的方案设计和具体实施的负责人一般由学校教学干部担当，发挥学校内骨干教师的引领示范作用；办学规模较大的学校开展校本研修可以围绕共同主题，由各年级教研组的教师组成研修团队，年级教研组长策划实施。

3. 跨校研修一般在两校间进行，受一些客观条件制约，应该有项目负责人组织实施，必须征得学校校长的支持和具体帮助。

搭建平台助推教师开展课例研修

（三）课例研修组员构成及分工

解读/认知

课例研修是以课例为载体，将一群志同道合的教师、专家和学校管理者聚合在一起，确定课堂教学中关注的问题，共同在教学实践中，持续学习、反思并改进，促进团队共同成长的研修方式。课例研修准备工作中重要的一项是组建结构合理的研修小组。

结构合理的课例研修小组成员应包括学科专家、学校主管领导、骨干教师和青年教师等方面的人员，他们都应该具备一定的研究意识与研究能力，能够主动学习、积极参与研究；同时，每一位成员又应该有各自的特点，便于实现教学风格、经验和理念的互补，以便于从不同角度进行观察、实践，达到取长补短的效果；不同身份或职务的人员在团队中发挥着不可替代的作用。

小组成员进行分工时，有些内容需要组员共同承担，有些内容需要明确分工，任务落实到人。

案例/方法

案例一：

选自北京市西城区奋斗小学于2009年11月语文学科课例研修方案中，课例研修小组成员职责及承担任务一览表。

表2-1

成员姓名	职务	成员的职责	在课例研修中承担的任务
见培炎	奋斗小学校长	课例研修的精神支持，负责课例研修的时间调配，提供课例研修财力支持。	支持课例研修，确定研究主题。
杨伟宁	语文教研室教研员	引领研究方向，在课例研修过程中做语文学科教学的具体指导。	确定研究主题，听课，进行课后评议，备课。
李立雪	西城区小学语文骨干教师脱产班学员	课例研修小组的组长，负责组织实施及调控课例研修。	设计研究方案，确定研究主题，设计调查问卷及问卷分析，拟定课堂观察表，进行课后评议，备课，进行课堂观察，观察教师，搜集资料，撰写课例研修报告。
刘岩	一年级语文教师	授课教师，实施三轮课堂教学实践。	备课，承担三次授课任务。
李姗姗	一年级语文教师	参加三轮两反思的研修过程。	拟定课堂观察表，进行课后评议，议课，进行课堂观察，观察学生，整理课堂实录文字资料。
师新敏	二年级语文教师	参加三轮两反思的研修过程。	设计调查问卷及问卷分析，进行课后评议，议课，进行课堂观察，观察学生，整理议课实录文字资料。

续表

洪　玲	三年级语文教师	参加三轮两反思的研修过程。	进行课后评议，议课，进行课堂观察，观察教师，整理议课实录文字资料。
王俊杰	四年级语文教师	参加三轮两反思的研修过程。	进行课后评议，议课，进行课堂观察，观察教师，整理课堂实录文字资料。
王　然	五年级语文教师	参加三轮两反思的研修过程。	议课，进行课堂观察，观察教师，整理课堂实录文字资料。
张红云	六年级语文教师	参加三轮两反思的研修过程。	进行文献综述，议课，进行课堂观察，观察学生。
王玲杰	电教专职教师	电教技术支持，为后续研究和分析提供音、视频资料。	拍摄课例研修的全过程，整理视频资料。

案例二：

选自北京市西城区奋斗小学语文学科课例研修中部分团队教师的反思。参加工作仅一年的王俊杰老师热情坦诚，她在反思中写道："这次的课例研究没有高喊口号，都本着求真务实的态度，分工明确，但决不做作。课后，大家在一起交流，上课者阐述教学设计的理念，听课者真诚地提出自己的见解，大家学习的态度很诚恳，一心只想提高自己的教学水平，在这次活动中受益。"

有4年教龄的王然老师性格内向，平时不善言谈，做事踏实肯干，她在反思中写道："在每一次的研究活动中，我付出的是自己的汗水与智慧，收获的是宝贵的研究的经历和方法，它为我打开了一扇窗，开启了独特的视角，展现了全新的风景。"

有20年教龄的张红云老师做事认真，一丝不苟，具有丰富的教学经验，在这次课例研修中负责在课堂上观察学生，她这样写道："刘岩在第一轮课，上课伊始，让学生读出示在小雨点上的词语，接着又让孩子们读藏在雨点儿后的认读字并组词，学生大部分组词都在重复老师出示的词语；接下来学生书写练习说三个生字的笔顺并填空，表面上看是对生字的书写复习，但第一课时已经指导过书写，再这样复习，有什么实效性呢？还有，老师出示的词语'方圆'不太妥帖，如果换成文中词语'地方'既检查了读音，又可检查'方'的写法，还可以纠正轻声。整体来看，复习环节是在重复，表面上重视了识字写字，但会让人感到这样复习实效性不强。"

指导/总结

一、课例研修小组成员构成

课例研修小组成员一般由6—8人组成，最多不要超过12人。组建时不仅要考虑成员构成的多方位及全面性，还要明确每位成员的不同职责。

1.课例研修小组成员构成示意图

在案例一（表2-1）的第一列中，奋斗小学课例研修小组成员由11人组成，其中，见培炎校长是学校领导，杨伟宁老师是专家，李立雪老师是组织者，王伶杰老师是电教人员，一至六年级语

进步小学王媛媛老师既是课例研修的组织者，又承担课堂教学的录课工作。

文老师都是参与研修的教师。

2. 课例研修小组成员的职责

（1）专家包括高等教育学府、在课例研修或相关领域做研究的教授和市、区级学科教研员，专家的介入能为课例研修提供专业支持，引领研究方向，在学科教学方面做具体指导。

（2）学校领导的参与，能够给予课例研修多方面的支持，如适当财力的支援、业务上的帮助和小组成员工作时间的调配等。

（3）组织者在课例研修过程中起着策划、实施和调控的作用。

（4）语文教师的参与，旨在多次课堂教学实践中，课堂观察、行为跟进、分享智慧、共同受益。

（5）电教人员可以是专职电教教师，也可以是学科教师兼职，电教人员负责全程录音录像，提供电教技术支持。

二、课例研修小组成员的分工

小组建立后的首要任务是进行明确的分工，任务到人。课例研修的组织者在进行分工时，要考虑到小组成员的年龄、教学经验等个人情况，因人而异，在课例研修过程中实现优势互补。在课例研修过程中，随着研究的开展，可以调整人员分工，使成员都有机会体验不同的任务，获得丰富多样的经验。

1. 小组成员的明确分工是课例研修的保障。

下面是课例研修小组成员的分工一览表。

表2-2

任　务	参与人员
制定课例研修方案	组织者
确定研究主题	小组全体成员
撰写开题报告	专人
进行文献综述	专人
设计调查问卷及问卷分析	学科教师
承担课堂教学任务	学科教师（根据研究形式而定，可以是一位教师连续上三次，还可以是三位教师分别授课。）
备课	小组全体成员
拟定课堂观察表	小组全体成员
进行课堂观察（观察教师和学生）	除做课教师外的其他组员
整理课堂实录（文字）	专人或轮流
进行课后评议	小组全体成员
进行议课实录（文字）	专人或轮流
撰写课例研究报告	专人
资料管理	组织者

从表2-1的第二列、第三列和第四列，我们不难看出，小组成员职务不同，在课例研修中的职责不同，承担的任务也不同。通过表2-2，可以得出这样的结论，课例研修的每一项任务，在小组中都有相应的成员承担。

在进行任务分工时，有些内容需要组员共同承担，如确定课例研修主题、每一轮课后的集体议课、进行课堂观察等；有些内容需要分工合作，落实到人，如进行文献研究、设计调查问卷、承担课堂教学任务、撰写研修报告、收集管理资料等；有些内容还可以轮流做，如整理文字版的课堂实录和议课实录。

2. 小组成员合理分工，确保课例研修效果。

案例二中两位年轻教师在反思时谈到了自己在课例研修中的收获，她们年轻，教学经验少，让她们承担课堂实录和议课实录的文字整理工作，不仅速度快，还能在整理文字资料的过程中学习他人的经验，收获颇多，有利于专业成长。有丰富教学经验的张老师，在课后评议时能透过现象看本质，贡献自己的教育智慧，带动年轻教师成长。

组织者在给小组成员分工时，要考虑到参与课例研修小组成员的个人实际情况，包括学科教师的日常工作量、工作经验、性格特点、个人精力等，合理的分工更能发挥每位成员的主观能动性，保障课例研修顺畅进行。

建议/关键点

1. 参与课例研修的小组成员，一般相对稳定，便于维持研修的连续性。若小组成员有变化，就需要尽快对缺失人员进行补充或在组内进行人员微调，新成员应尽快熟悉研修内容和进程，以便继续深入。

2. 组建课例研修小组组织者要取得上级行政管理部门的支持，保障活动时间充裕，活动经费充足；组织者还要与小组成员有效沟通，达成共识。

3. 课例研修小组的成员明确分工后，组织者要带领小组成员共同制定主题，在专家指导下确定研修主题，小组成员共同围绕确定的研修主题设计调查问卷，备课，设计课堂观察表，让小组成员知道自己要做什么，为什么这样做。另外，组织者还要指导小组成员正确使用课堂观察表，确保观察数据有研修价值。

思考与行动

1. 结合本专题内容和自身实践思考：课例研修方案中，哪些内容是可以根据课例研修的进程进行修改或调整的？哪些内容是不能随意更改的？

2. 区域研修一般由区域研修员或区域教学研究、培训机构组织实施，校本研修由学校教学干部或年级教研组长组织实施，跨校研修由项目负责人组织实施。请思考：不同层级的组织形式，研修的侧重点有什么不同？

3. 本专题中只介绍了同一所学校语文教研组课例研修小组组织形式分工；课例研修有时要跨校进行，如果在几所学校的教师中组建课例研修小组，小组成员应该包括哪些方面的人员呢？其余几种组织形式的课例研修小组成员如何分工呢？

第二部分

解决"做什么"和"怎样做"的问题

策略三

课前会议：课例研修的根本所在

（一）确定课例研修主题

解读/认知

课例研修主题的确定至关重要，它是课例研修小组共同的研修目标，是课例研修有效开展的前提。

研修主题源于小组成员发现的教与学中的真问题或共同面对的困惑，研修主题又是对问题的梳理和浓缩，以便能够借助一个具体的课例在有限时间内得到解决。

课例研修主题的确定可以来自于教师的教学行为、学生的学习方式、教学理念、教学内容和教学中的"关键事件"等方面。

案例/方法

案例一：

节选自北京市西城区四根柏小学语文学科课例研修小组以人教版小学语文一年级上册《阳光》为例，经过第一轮教学后，不断发现真问题，修改课例研修主题的过程。

本次课例研修，原定的主题是"提高'会认字'在运用过程中的正确率的研究"。课后题是让学生用会认字组词语。课前周艳青老师设想，学生在做这道题的时候会出现一些错误，研修小组的老师们将记录学生错误的表现并分析，然后再调整教学设计，上第二轮课，对比两轮课的教学效果，从而得出相应的结论。但上完了第一轮的课后，周老师发现学生完成课后题时居然没有人出错，周老师这才意识到自己的设想并不成立。课例研修小组的老师们在观第一轮课后也发现了一些问题。

白琳老师：我发现学生在用"会认字"组词语的时候错误率为零。

顾兵老师：我认为学生全对的原因是，本课的7个"会认字"字形简单，不易混淆，不是本课的教学难点。

李龙文老师：记得崔峦老师曾经讲到，"要求认识的字，学生在课文中认识，换个地方也认识即可，没有其他要求。不要过分追求堂堂清、课课清、人人清。主要是通过各种形式的反复再现，培养儿童的识字兴趣。要求会写的字，则既要读准字音，识记字形，了解意思，还要写得正确、端正。"仔细思考崔峦老师的一席话，我们应该再来分析一下，这节课最需解决的问题到底是什么。

白琳老师：我在观察学生中发现，其实学生写字是个问题。这节课共写了"长""也"两个字，用时11分钟，但坐在我周围的四个学生，写得依然不够规范，与田字格中的范字有很大差距。课后，我将学生的生字本收齐，对学生书写的"长""也"这两个独体字逐一进行了分析和比对，发现"独体字的书写"对于一年级的学生而言是一个值得关注的普遍问题。

李龙文老师：低年级的语文课有10—15分钟指导学生写字的环节，

高年级的语文课则以阅读理解为主。我认为低年级语文研究"会写字"比研究"会认字"更有价值，这也是课堂中真实存在的问题。

西城区四根柏小学语文课例研修小组在研修员舒卉老师和学校青年教师周艳青的带领下正在召开课前会议

在老师们共同的交流中，我们调整了研究的主题，把目光聚焦在指导学生写字的环节上，最终确定本次课例研修的主题为"指导一年级学生写好独体字的教学策略的研究"。

案例二：

选自北京市西城区展览路第一小学语文学科课例研修小组以人教版小学语文三年级下册《可贵的沉默》为例，确定了三个课例研修主题供大家辨析和选择。

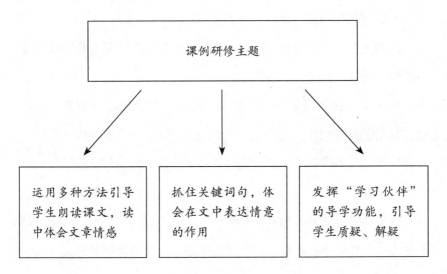

指导/总结

一、确定课例研修主题应遵循的原则

1. 确定课例研修主题应具有真实性

在上述案例一中,周老师原定的研修主题是"提高'会认字'在运用过程中的正确率的研究",并设想学生在做课后题时会出现错误,但课后发现学生完成课后题时发现错误率为零,显然周老师的设想并不成立,主题的确定缺乏真实性。研修主题的确定不能凭空想象、假想或设想,一定要从教育教学过程中不断产生的真实问题中提炼,这需要教师在常态教学中增强问题意识。

2. 确定课例研修主题应具有普遍性

研修主题一定是参与教师共同面临的教学难题或是共同感兴趣的教学问题。

案例中,课例研修小组的老师们在第一轮课后将问题聚焦与细化,找出了低年级语文课堂的"真问题",即以"指导低年级学生写好独体字"为出发点的研修主题更具有普遍性。

写字教学是小学语文教学的重要组成部分,也是小学生应具备的一项重要的语文基本功。低年级学生在初学写字时,首先接触的都是独体字。独体字的数量虽然不多,但是它们是合体字基础,是汉字书写的核心。独体字由于笔画较少，笔形较难，字形多不规则，在田字格中的疏密位置不好安排，因此每一笔的形态、位置和运势都很重要。许多低年级学生在入学之前过早写字，由于错误的笔顺、笔画和握笔姿势先入为主，致使学生写出的独体字虽形似但不规范，这已成为影响低年级学生写好独体字的普遍问题。

3. 确定课例研修主题应具有可行性和延续性

如果所确定的主题过大或者过难，不易操作，那么课例研修将失去可行性。

在上述案例二中，展览路一小的老师结合小学语文中年级课堂教学存在的问题，确定了三个研修主题。结合课文哪个更具可行性呢？新《语文课程标准》针对第二学段的阅读教学指出"要引导学生学会对课文中不理解的地方提出疑问。"《可贵的沉默》这篇课文在中间部分"我想去寻找蕴藏在他们心灵深处的、他们自己还没有意识到的极为珍贵的东西。"出现了一个学习提示：这极为珍贵的东西是什么呢？这正是这篇课文最值得学生质疑的问题。"发挥'学习伙伴'的导学功能，引导学生质疑、解疑"这个研修主题恰巧找到了"新课标要求"、"课文重点"和"学生学习方式"三者的契合点，提高了课例研修主题研究的价值，使课例研修主题具有可行性。

人教版教材，以"学习伙伴"形式出现的提问有很多，教师可以分析这些问题出现的时机和内容，有针对性的引导学生学会质疑。同一主题可以通过不同的教学阶段进一步开展后续研究，使之完善深化。

二、确定课例研修主题应依据的步骤

1.课例研修之前确定主题

基本步骤	结合案例一分析
发现问题	学生用了11分钟书写的两个独体字,在结构和笔画方面与田字格中的范字仍有很大差距。
初拟主题	指导一年级学生写好独体字的教学策略的研究
主题分解	关键词:一年级学生、写好独体字、教学策略
经验分析	1.从一年级学生的学习特点看,学生写字虽形似但不规范。 2.从教材的编排看,一年级学生初写汉字都是独体字。 3.从写好独体字的意义看,独体字的书写是汉字书写的核心。
确定主题	指导一年级学生写好独体字的教学策略的研究

从案例一可以看到,研修小组成员将发现的问题汇总、归类,提炼出最切合实际的典型问题,初步拟定研修主题。然后,结合教学经验和学生实际进行讨论、细化,分析主题涵盖面及影响因素是否过大导致一课时完成不了,或者过难是该年级教师和学生达不到的。当对主题的适用范围和可行性有了充足的把握后,最终确定研修主题。

2.课例研修之中调整主题

参与研究的教师共同关注的问题才是真主题,很多时候是需要在实际研究中才能发现并确定的。因此,教师可以在第一次上课、研讨之后,通过老师们的课堂观察及课后反思,找出课堂中的真实问题,调整课例研修主题。

基本步骤	结合案例一分析
研究学情	从第一轮课的效果看，学生对会认字的掌握没有问题，但独体字的书写不规范问题比较普遍。
研究教材	7个会认字字形简单，容易掌握，但要求会写的独体字笔画虽少，字形却不规则，每一笔在田字格中的疏密位置不好安排。
研究教师	执教教师在实践中发现问题：课前的课例研修主题设想不成立；观课教师在观察中分析问题：学生写字不够规范；参与教师在研讨中反思问题：低年级研究会写字比研究会认字更有价值。
调整主题	将课例研修的主题由"正确运用会认字"调整为"如何指导学生写好'独体字'"。

课例研修的实际过程是动态的，随着研究不断深入，教师有时会发现选择的课例内容与研修主题之间出现了"脱节"现象，这就需要教师根据课例的实际情况和真实问题，调整研修主题，增强课例研修的实效。

建议/关键点

一、准确区分课例研修主题与研究专题

课例研修离不开真实的课堂。一节课的研究容量是有限的，课例研修主题应有利于课堂教学的实施。要注意避免把涵盖多方面问题的研究专题作为课例研修的主题。

例如，一位语文教师初拟的课例研修主题是"小学古诗教学有效性拓展策略的研究",这个主题过大,像个专题,一节课的研究不能满足"古诗有效拓展策略研究"这个大目标。经过研修小组老师们的重新修订,最终定为"在古诗学习中感悟诗人表达情感的方法的研究",这个主题的研究点缩小后更加便于操作。

二、准确界定课例研修主题中的关键词

主题明确之后,研究者首先要考虑自己这一次课例研修的意义所在,明确主题中的关键词,找到关键词之间的逻辑关系。如哪些词是属于研究范围层面的,哪些词是属于研究方法层面的,哪些词是属于未来研究结果层面的。主题中的关键词界定好之后,研究目标和研究方向将随着内容的明晰而更加明确,之后我们可以根据主题来选择更加适合的研究手段和研究方法。

例如,对上述课例研究主题"在古诗学习中感悟诗人表达情感的方法的研究"可以这样进行对关键词的界定。首先要对主题中的两个关键点进行界定。诗人表达情感的方法和感悟诗人表达情感的方法,这两个关键词看起来很接近,其实指向不同,一个指古诗中诗人是如何表达情感的,另一个则是感悟诗人的情感可以有哪些方法,这是学习方法层面的。

策略三

课前会议：课例研修的根本所在

（二）选择课例研修的课例

解读/认知

课例，是指在课堂教学中，以学科教学内容为载体并且具有一个研究主题的教学案例。课例可能是以某一课书的内容为例，可能是以某一课时的教学为例，也可能是以一课时的某一个或某几个教学环节为例，还可能是以某一人或某几人的教学实践为例。

在课例研修中，要依据确定好的研修主题和教学进度选择课例。"课例"是教师直面教学共同分享的"平台"，"课例"是教学理论和教学实践的中介。研修小组成员以"课例"为载体，在教学行为的不断跟进中，获得解决问题的策略和深刻反思的体验，相互学习，经验分享，提升教师的专业判断力、学科教学知识以及教学实践智慧。

案例/方法

案例一：

北京市2011带薪脱产教师培训项目西城区小学语文骨干教师脱

2011西城区小学语文带薪脱产骨干班全体学员

产班老师，确定"在突破教学重难点过程中，教师有效反馈的研究"为共同的研修主题后，各自回校带领研修团队，按教学进度和研修主题，选择不同课例进行教学实践。包括识字写字、诗歌、童话教学等。

案例二：

北京市西城区复兴门外第一小学李京然老师结合西城区继续教育研修课程"研磨与把握小学语文高年级教材特点，选择有效的教学策略"，制定研修主题"把握教材特点，引导学生体会课文'抑扬'的有效的教学策略"，并选择人教版小学语文五年级（上册）《圆明园的毁灭》作为课例来研究。李老师认为，这篇课文题目为"毁灭"，却用大量的篇幅再现了它昔日的辉煌，在宏伟壮观与残垣断壁的对比中，作者的痛惜、愤怒之情跃然纸上。"抑扬对比"的表现手法显而易见，是本文表达上最突出的特点。语文课程标准要求小学高年级学生"在阅读中揣摩文章的表达顺序，初步领悟文章的基本表达方法。"五年级学生刚升入第三学段，应该先选择表达方法特点突出的课文进行揣摩。

案例三：

选自北京市西城区复兴门外第一小学课例研修小组的老师们选择人教版小学语文一年级（上册）识字（二）第3课《菜园里》作为课例进行的教学实践。小组成员首先依据研修主题的关键词"突破教学重难点"，确定"识字写字教学"是本课的重难点，即在识字教学时要充分调动学生的识字积累，发展他们的思维和想象；写字教学时要具体指导生字的基本笔画、笔顺规则，要边指导边示范，帮助学生找准问题，并指出如何改正的具体方法。然后依据研修主题的另一关键词"教师有效反馈"，来思考低年级识字写字教学环节，教师反馈存在的普遍问题，如：老师反馈

西城区复兴门外一小课例研修小组的老师们在王立英和刘芳老师带领下一起选择课例

形式比较单一，通常是老师说，学生写，单纯的纠错反馈和强化反馈居多，没有通过建构反馈和拓展反馈引导学生自主发现，课堂上缺少学生的主动参与，导致识字写字教学缺乏有效性。

指导/总结

一、依据研修主题，按照教学进度，选择课例

在确定研修主题后，可以按照教学进度选择课例，使课例研修

在常态课中直面问题。课例研修围绕教师选择的"课例"开展,从课例研修三轮做课的角度看,它很像以往做公开课、赛课前磨课的过程。但是课例研修的目的不是教学水平的亮相、教学技能的示范与教学成果的展示,而是为解决教师在常态教学工作中遇到的实际问题。

上述案例一中,骨干教师在确定研修主题后,各自回到学校开展了为期三周的课例研修。他们作为组织者没有影响学校正常的教学秩序,按照做课老师的教学进度选择课例,扎进课堂在常态课中进行研修。如表格所示:

确定主题	在突破教学重难点过程中,教师有效反馈的研究		
	年级	课文题目	研究角度
	一年级	《菜园里》	识字写字教学
按照进度选择课例	一年级	《影子》	诗歌教学
	二年级	《"红领巾"真好》	
	五年级	《七律·长征》	
	二年级	《风娃娃》	童话教学
	二年级	《上天的蚂蚁》	
	三年级	《陶罐和铁罐》	
	四年级	《白鹅》	名家名篇教学

每位老师选择不同类型的课例,从不同角度进行相同主题的研修。在研修过程中,努力发现别人未曾发现或尚未解决的教学中的真问题,尝试新的教学方法,获取新的实验数据,产生与原行为不同的效果,使课例研修成果视角独特,富有新意。

二、依据研修主题,结合教学研究活动,选择课例

案例二中,老师将着眼点放在把区级教学研究活动和自身课例研

修相结合上，选择《火烧圆明园》这一课例作为切入点，让研修主题与选择课例相匹配，旨在通过课例研修使区级教学研究活动走向深入。

如下图所示：

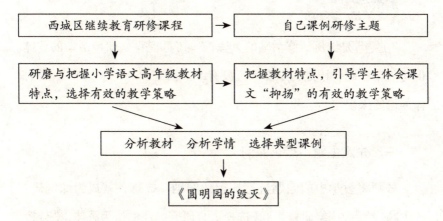

三、结合课例研修主题中关键词的界定，解读课例

课例研修主题确定之后，要对主题中的关键词进行界定。案例三的研修主题为"在突破教学重难点过程中，教师有效反馈的研究"，其中的关键词有"教学重点"、"教学难点"和"教师有效反馈"。它们结合课例《菜园里》是怎样的对应关系呢？请见下表：

研修主题	在突破教学重难点过程中，教师有效反馈的研究		
关键词	教学重点	教学难点	教师有效反馈
关键词在教学《菜园里》的对应内容	调动识字积累发挥联想和想象	按照正确的笔顺笔画书写汉字，在对比中发现问题并修改	1.对当前识字写字教学教师无效或低效反馈分析；2.强化反馈、纠错反馈、建构反馈、拓展反馈有效性的分析

结合研修主题中的关键词解读课例，能够明确研修方向和重点，环环推进，不会出现研修主题和选择的课例南辕北辙的情况。

建议/关键点

"主题"是课例研修活动的灵魂，"课例"是课例研修活动的载体。但是先定主题，还是先定课例，没有统一而必须的要求，可以根据具体的研究来确定。

一、先定主题，后选课例

教师将教学中的问题进行梳理、归纳、提炼，就成为课例研修的主题，然后，围绕研修主题，选择适合研究的课例作为载体，来分析、研究、解决教学中存在的问题，改进教师的教学行为。如果先定主题，后选课例，那么一定要根据自己的研修主题选择适合研究的课例，在研修过程中，结合课例深化主题。

二、先选课例，后定主题

课例研修的参与者也可以先选择课例进入课堂教学环节，教师对课例已经具有一定感知，这样比较容易发现值得研究的问题，在交流、反思中提炼解决问题的思路和策略，从而确定课例研修主题。如果是先选课例，后定主题，主题的确定宜早不宜晚，只有确定了明确的主题，后续的研究才能在主题指引下有效开展。

策略三

课前会议：课例研修的根本所在

（三）围绕主题开展文献研究

解读/认知

围绕课例研修主题搜集并学习相关文献资料的范围至少分为两类，一是关于研修主题的相关概念，二是针对课例所涉及的教学内容的相关资料。学习、梳理和研究文献资料的价值在于：在丰厚研修团队成员知识底蕴的同时，弄清他人已做过的相关研究、研究结果及理论的适用范围，加深自己对课例研修主题的理解，明确课例研修中教学行为的切入点、重点和难点，使课例研修更加深入、有价值。

案例/方法

下面的案例选自西城区黄城根小学五年级语文课例研修小组在研究之初，围绕课例研修主题"小学语文高年级主题单元整体教学策略的研究"进行文献研究的过程及部分文献内容。

一、明确课例研修主题中的关键词，据此确定搜集文献的范围

课例研修主题"小学语文高年级主题单元整体教学策略的研究"中的关键词为"小学语文"、"高年级"、"主题单元整体教学策略"，据此确定搜集文献的范围及相应的内容如下表所示：

范围	小学语文课程标准	高年级学生学习心理	主题单元教学理论
举例	1.语文课程性质 2.语文学习规律 3.语文素养形成的要求	我国教育家叶圣陶先生关于学生学习的论述	全国小语会理事长、人教社小学语文教材主编崔峦关于主题单元教学的论述
阐述	语文课程是学生学习运用祖国语言文字的课程，学习资源和实践机会无处不在，无时不有。因而，应该让学生多读多写，日积月累，在大量的语文实践中体会、把握运用语文的规律。语文学习应注重听说读写的相互联系，注重语文与生活的结合，注重知识与能力、过程与方法、情感态度与价值观的整体发展。	"只要不光让学生们坐在那里听，不光让学生们听老师的讲说，让他们在学习的当儿，肢体肌肉与精神心思一致地参加在里头自由活动，主动而不被动。让他们消泯学习与生活的界限，学习就是生活，并非生活的准备。"	"中高年级教材，围绕读写训练项目一组一组安排，希望在教学中加强训练组的概念。要一组一组地钻研教材，统筹提出教学目的，统筹考虑能力培养。使学生每学习一组教材，经历一个训练过程，语文能力上一个台阶。"

二、学习文献资料，提炼出自己的观点，得出文献研究的结论

　　课例研修小组的教师围绕研修主题"小学语文高年级主题单元整体教学策略的研究"从是什么、为什么、怎样做三方面提炼自己的观点，形成对研修的初步认识。

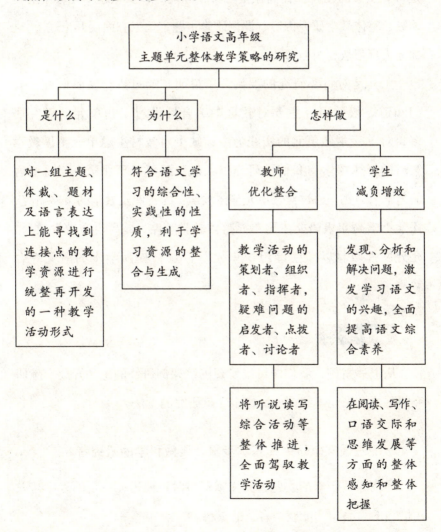

三、撰写文献综述

小组成员认为教育的创新，不是理论的创新，更不是提法的创新，而是教学实践的创新。如果能够创造性地实践前人的理论，这是最有意义的创新。我们在撰写文献综述时，从主题单元教学历史回顾、整体教学研究内容、课例研修主题定位三方面展开论述。（这部分内容因版面所限略去）

尤其是对将要研究的课例做了说明：通过进行文献研究，我们知道一般的研究主要对教材中综合性学习主题单元的研究居多，对单一主题单元的实践为主，缺少对教材主题单元整体教学策略的规律探索，我们的研究以人教版五年级下册第三组《语言的艺术》为例，通过对"单元整体教学"的备课及教学的策略研究，探索小学高年级语文主题单元整体教学策略，提高语文教学效果，充分发挥教材以"主题组织单元"特点，提高学生的语文综合素质。

指导/总结

从上述案例，我们既可以发现围绕课例研修的主题开展文献研究的重要，又能了解课例研修中文献研究的方法。

一、遵循文献研究的基本步骤，要做科学的研究者

围绕课例研修的主题查阅文献资料时，要遵循一定的程序，采用恰当的策略，才能获得有效的资料。

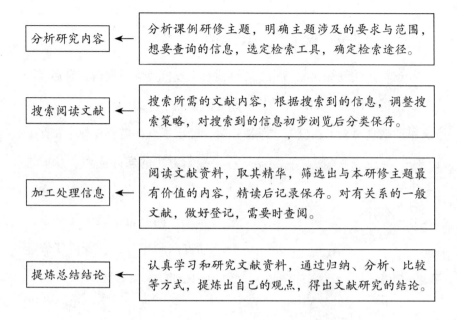

二、全过程进行文献研究，要做清醒的研究者

文献研究可以结合阶段研究的需要，搜索相关的资料、文献进行学习，帮助我们围绕主题调整研修活动，激活研究的思路与方式。

文献研究贯穿课例研修全过程	目的
课例研修之初	检索相关文献，了解研究动态，组织研修团队成员开展专题学习，拓宽研修视野；帮助我们确定有价值的研修主题，明确研修方向，制定课例研修方案。
课例研修之中	指导自己解决课例研修中遇到的问题，提高课例研修的有效性。
课例研修之后	进一步提升对研修主题的理解和认识，进一步提炼观点，帮助我们总结升华，为撰写课例研修报告做准备。

三、写好文献综述，要做扎实的研究者

这里的文献综述是指围绕课例研修主题搜集大量资料信息后，经综合分析而归纳出的研究结论。如上面案例中，课例研修小组通过对文献的认真研究，在撰写文献综述时，确定了真正需要在教学实践中探索解决的实际问题，从而选定了课例研修的具体方向和切入点，同时也明确了教学设计的方向和重点，使课例研修能够更加扎实有效地开展。

教师在课例研修中学习的书目

是否做规范的文献综述，视具体情况和要求而定，但文献研究的基本步骤一定要保证。

建议/关键点

1. 课例研修团队是一个"学习共同体"，围绕主题开展的文献研究活动是大家的事，要本着"团队共修，专人负责"的原则进行。在专人搜集文献的基础上，利用课前会议，大家共同学习、讨论，发现真知，达成共识，促进研究走向深入。

2. 在做文献综述或者完成课例研修报告的时候，如果需要引用文献中的有效信息，一定要注意在引用的文字后面或脚注中标明其出处。

策略三

课前会议：课例研修的根本所在

（四）围绕主题开展调查和分析

解读/认知

实施课例研修前，课例研修小组成员在课前会议上应该紧紧围绕课例研修主题对学生和教师的现状进行调查并作出分析，它能为研究者有效而合理地进行教学设计和顺利而科学地开展课例研修提供可靠的依据。

教师指导学生填写课前问卷

调查分析的对象主要是学生，根据需要还可以调查教师和分析教材。调查学生的内容包括对课文重难点的理解程度、对课文背景的认知程度、学习能力的现实状况等；调查教师的内容包括对研修主题的认知水平等；对教材的了解包括编写特点、作品体裁（题材）在教材中所占的比例等。

学生独立填写课前问卷

调查的形式主要包括：集体或个人访谈、

课前问卷或测试、课后检测等。再根据统计出的有效数据进行合理的分析。

案例/方法

为了让广大教师具体了解课例研修中"调查和分析"的具体内容，我们为大家介绍几个不同学校的研修小组开展调查与分析的情况。

案例一：

北京市西城区奋斗小学语文课例研修小组成员围绕研修主题"影响低年级语文教师设问有效性的分析"，选择了人教版一年级上册课文部分第三单元第12课《雨点儿》作为研修课例。在研究之前，教师对一年级34名学生分别从"识字"、"写字"、"阅读"三方面做了前测，下面选取的是"识字"的前测和分析内容。

测试目的	了解学生在词语中读准字音的情况，便于教学中能在易混淆处有效设问。
测试内容	本课的11个生字。
测试方式	在词语中选出生字的正确读音。
试题举例	给下列词语中划线的字选择正确读音，在正确的读音下画"√"。 数不清　　　数（shǔ　shù　lóu） 地方　　　方（fāng　fang　wàn）
调查现象	1. 在"数不清"这个词语中，"数"是多音字，应读shǔ，选正确的人数占58.82%； 2."地方"的"方"要读轻声，选正确的人数占17.65%。

续表

分析	一年级的学生刚接触课文的学习，每课的生字数量很多，难记，所以在语言环境中读准字音的能力还不是很强。词语是语言的最小单位，朗读词语是朗读课文的基础。因此，对他们来说，读准生字组成的新词、正确读出轻声是朗读最基本的要求。虽然多音字和轻声字在生活中运用很多，但对于没有受到过系统点拨的一年级学生而言，如果遇到在词语中字音有变化，就很难读正确。所以在语言环境中读准"数"和"方"这两个字的字音是学生易混、易错点。
结论	了解了学生认知水平，教师在教学时，像"怎么读？""谁会读？"这样简单的设问，直接指向"数"和"方"这两个字音。在学生易混淆处设问，便于学生对比区分，设问简单，效果会好。

案例二：

北京市北师大亚太实验学校语文课例研修小组成员围绕研修主题"在突破低年段童话教学重难点的过程中，教师有效反馈的研究"，选择了北师大版二年级上册童话《上天的蚂蚁》作为研修课例。在研究之前，小组成员分别从三个角度对24名低年级教师进行了不同形式的调查，下面选取的是三次调查和分析的内容。

第一次：

调查目的	教师对童话体裁教学的喜欢程度
调查形式	访谈
调查现象	喜欢：79.2% 喜欢程度一般：23.2%（表示因为不太熟悉童话教学的特点）。
分析与结论	结合《语文课程标准》对于低年段的阅读目标、小学语文教材低年段的编写特点、语文教师对于童话教学的喜爱程度几个方面分析，童话教学在小学低年段语文教学中占有重要的地位，应该受到每一位语文教师的重视。

第二次：

调查目的：教师对本课教学重点的确定

调查形式：问卷

调查现象图示：

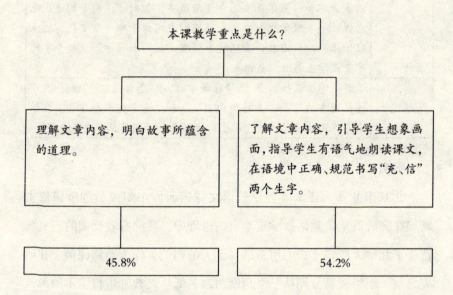

分析：从显现的数据可以看出：45.8%的教师对童话体裁的特点不清楚，对低年级儿童学习童话的心理特点不清楚，对学习课文与培养学生语文能力的关系不明确，导致简单化、模式化地把教学重点定在了理解内容和明白道理上。

结论：

1. 有针对性地学习有关童话文体的相关知识，这是教师研磨教材的前提。

2. 结合文体特点、学生学习心理特点和语文学科的性质，重新制定教学重点。

第三次：

调查目的：教师对教学反馈的认识现状

调查现象1图示：

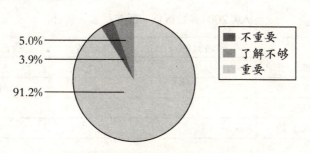

5.0%
3.9%
91.2%

不重要
了解不够
重要

教师对教学反馈重要性的认识

分析：91.2%的教师具有重视教学反馈的意识，但是还有少部分教师需要学习有关"教学反馈"的知识。

调查现象2图示：

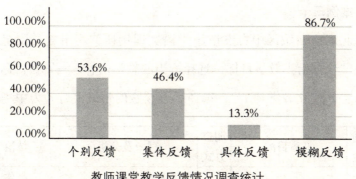

教师课堂教学反馈情况调查统计

分析：86.7%的教师在课堂中进行反馈时评价语过于简单、模糊，不能激起学生的学习兴趣，不能让学生进行清晰和有效的学习；由于教师反馈对象单一，个别反馈较多，导致整体学习效率不高。

结论：教师对于童话教学中应该采用的反馈类型的方式、特点及作用要进一步学习和实践。

　　小组成员还对童话文体在低年级段教材中所占的比例进行了相关的统计。

人教2001实验版低年段教材童话统计

	童话篇数	课文总数	所占比例
一年级上册	6	20	30%
一年级下册	14	34	41%
二年级上册	9	34	26%
二年级下册	4	32	13%

　　分析与结论：根据《语文课程标准》编写的要求，童话成为语文教学第一学段首选的重要阅读体裁。教材借助童话培养低年级学生的幻想、想象能力，完全符合低年级学生形象思维的特点。因此小组成员选择了北师大版二年级上册童话《上天的蚂蚁》一课作为研修的课例。

　　案例三：

　　北京市西城区中古友谊小学语文课例研修小组成员围绕研修主题"依据恰当教学目标，选择恰当的教学内容——紧扣目标，合理取舍，优化教学环节"，选择了人教版四年级上册《为中华之崛

不同阶段	调查目的	调查方式	现象及分析	结论
第一课时之前	对少年周恩来和社会背景的理解程度。	问卷	大多数学生对社会背景有一定了解；对少年周恩来的了解显得非常薄弱。	制定教学目标时，就要考虑到这两点。
第一课时之后	对少年周恩来和社会背景的理解程度是否加深；学习方法的选择和运用。		大多数学生对少年周恩来的认知还只停留在课文中；学生能运用一定的方法理解文章。	利于把握第二课时的教学目标和内容

起而读书》作为研修课例。小组成员在研修过程中，对学生分阶段进行调查和分析。

指导/总结

一、"调查和分析"的目的要明确，使课例研修真正为教学服务

1.上述每一个案例中"调查"都有明确的目的。

调查对象很直接，都是参与教学活动的主体，有学生，有教师，有教材；调查目的紧扣课例研修主题，针对性很强。有宏观的对文本的认识，对教学目标及重难点的把握，有微观的字的读音等。通过调查，小组成员能正确了解学生拥有的认知经验、教师已有的操作技能和水平、课文在教材中占有的位置……用这些有价值的材料来帮助我们组织教学，突破难点，使课例研修"研"有实效。

2.上述每一个案例中，"分析"的结论都与目的相吻合。

在《雨点儿》课例研修中，教师呈现出来的调查与分析的目的明确，使我们清晰地看到了学生实际存在的问题及原因。根据得出的结论，执教教师在教学设计中通过简单设问，直接指向"数"和"方"这两个字的读音，呈现出了较好的效果。下面节选一段课堂实录加以印证。

老师：你们词语读得可真棒。怎么读这个词？

学生：数不清。

老师：再看这个字在这个词语中应当读——

学生：数 shǔ。

老师：谁能读？

学生：数学。

老师：这个字在这个词语应当读——

学生：数shù。

老师：同一个字在不同的词语中发音不一样，多有意思啊，这个字是——

学生：多音字。

老师：对了。这个词谁会读？

学生：数shǔ数shù。

老师：完全正确，一起读。

老师：这个句子里也藏着多音字呢。谁读读这个句子？

学生：没有花没有草的地方长出了红的花，绿的草。

老师：他读得多好啊，注意到了多音字长（zhǎng）的读音，读准了轻声"方"。我们一起读读。

若结论与调查的目的不一致，就说明我们在"调查和分析"这一环节出现了一些问题：或是调查的内容有偏差不全面、面广重点不明确，或是分析没有从表象深入到实质……从根源上找出问题，在解决问题中推进，才能使我们的课堂教学更加完善，也就真正达到了课例研修的目的。

二、"调查和分析"的内容要翔实，为确定研修主题和研修课例做依托

"调查和分析"的内容包括知识、能力、方法、情感等，还可以

结合课例研修主题中的关键词进行。在"案例二"中我们看到，小组成员源于对主题的认识和理解，分别以研修主题中出现的"童话"、"教学重点"、"教师反馈"三个关键词作为重点，分三次对教师进行调查和分析，全面而细致，不仅对教师渗透了课例研修主题的内涵，还真实地了解到教师对研修内容的认识程度。这样的调查和分析具有很强的说服力。

此外，了解教材也是调查和分析的内容之一。它能使小组成员揣摩编者意图，更清晰地看到教材的编排体例以及所选课例在教材中所占的位置。在《上天的蚂蚁》课例研修中，小组成员通读了低年段的所有教材内容，针对课例研修主题进行了相关统计，通过再次分析，最终把课例研修的落脚点就放在了此类体裁的作品上。

调查和分析密不可分，调查是分析的基础，分析要透过调查出的现象深入到实质。调查要详尽，分析要落实。这样，我们的课例研修才禁得住推敲。

三、"调查和分析"的时机要找准，增强课例研修的实效性

调查和分析可以在不同阶段进行，贯穿课例研修始终，是一个动态的研修过程。这里所说的"阶段"可以理解为在课例研修的进程中划分出的时间段。不同阶段的调查和分析，能够促进小组成员科学、具体地制定教学目标，进而对教学内容进行合理取舍，减少教学中的随意性和盲目性，增强课例研修的实效性。在《为中华之崛起而读书》的课例研修中，小组成员先后对学生进行了两次调查，采用相同的方式，时间段不同，背景不同，内容略有不同。经过对比分析，就能更

准确地把握第二课时的教学目标,由此对教学重难点内容的理解也发生了变化:由"反复体会中华不振"调整为"重点体会少年周恩来立志的原因与过程",希望学生在深入理解的基础上能够走进少年周恩来的内心世界。

四、"调查和分析"的呈现形式要直观,方便读者阅读和学习

"调查和分析"的呈现形式灵活多样,常用的形式有:文字表述、表格、思维导图、饼状图、柱状图等。

如以上的三个案例中,小组成员均采用了表格的方式把"调查和分析"的内容呈现出来,项目和内容分割开来,使读者一目了然;"案例二"中,还采用了思维导图、饼状图、柱状图等形式加以呈现,更加直观和形象。

建议/关键点

一、调查内容要紧密围绕主题设计,着力点要小

1. 调查问卷要有一个醒目的标题,能让被调查者很快明白调查的意图;问题不宜过多,时间不宜过长,以免调查对象产生厌烦情绪;题型最好以封闭式选择题为主,开放式填空题、答题为辅;语言表达要简洁明了,易于理解;必须方便数据统计分析,其结果能回答调查者所想了解的问题。

调查问卷基本体例包括标题、班级、时间、题目要求、题目内容等。下面以北京市西城区中古友谊小学课例研修小组的前测试卷为例:

《为中华之崛起而读书》前测试卷1

班级：四年级2班 　　　　完成时间：10分钟

请认真阅读下面的测试题，在相应的方框内画"√"。请在十分钟内完成。

1. 你知道"为中华之崛起而读书"这句话吗？

□知道 　　　□不知道

2. 你知道"为中华之崛起而读书"这句话出自哪位名人之口吗？

_____

3. 你知道周恩来吗？

□知道 　　　□不知道

4. 你了解青少年时期的周恩来吗？

□知道 　　简单列举两件事 1._____ 　 2._____

□不知道

5. 你了解周恩来少年时期（1912年前后）中国百姓生活的情况吗？

□了解

挑选以下词语来描写一下当时的景象。

□灯红酒绿 　　□房倒屋塌 　　□欣欣向荣 　　□流离失所

□忍饥挨饿 　　□丰衣足食 　　□衣衫褴褛 　　□富丽堂皇

□不了解

调查问卷还可以设计成表格式。下面以北京市西城区进步小学课例研修小组的学情调查问卷为例：

学情调查问卷		
课题	26"红领巾"真好	预习日期： 月 日
我知道了什么	"我"的小问号	是否解决	解决办法： ①自读自悟 ②查阅资料 ③请教他人

读了课文，我想对小鸟说："＿＿＿＿＿＿＿＿＿"。

读了课文，我想对"红领巾"说："＿＿＿＿＿＿＿＿＿"。

★你喜欢儿童诗歌吗？　　　　A.喜欢　B.不喜欢

★你有写儿童诗歌的愿望吗？　　A.有　　B.没有

2. 调查访谈应提前设计好将要谈到的话题内容和询问方式，提出的问题要有层次，分角度，避免重复和遗漏；访谈时及时做好记录，以便后续进行统计和分析。不论与个体还是与群体交谈，态度都要亲切、自然，拉近与被访谈者的距离，消除陌生感。

二、分析与调查相辅相成，揭示的是本质

我们应该把"调查和分析"作为一个整体看待，二者之间联系紧密，相辅相成。调查显现出的是现象，分析描述出的是本质。调查是基础，分析是通往成功的桥梁。分析时要透过调查出的各种数据，看到折射出的问题，找到问题存在的原因，想到解决问题的方法，这样才能在课例研修中起到实质的作用。

课前会议：课例研修的根本所在

（五）根据主题制定课堂观察表

解读/认知

课堂观察是指研究者或观察者带着明确的研修主题，按照事先做出的系统规划，凭借自身的感官及有关辅助工具（观察表、录音录像等），直接从与研修主题相关的课堂情境中即时记录教和学的行为，并依据相关理论和现场第一手资料再作深入研究的一种教育科学研究方法。

课堂观察表是由课例研修小组的教师团队根据研修主题制定的直接在真实的课堂情境中分工对师生行为进行即时观察的工具，从而获取第一手真实的研修资料。

根据研修主题和观察目的的不同，课堂观察表的类型也不相同。有的是对课堂各环节的整体观察，有的是对课堂某个环节或某些环节的局部观察。但课堂观察表都要发挥相同的作用，即帮助授课教师深入研究、改进教学，形成后一轮教学方案。

案例/方法

一、根据研修主题和观察目的,制定观察课堂教学各环节的整体观察表

根据课例研修主题制定课堂观察表既要设计观察教师行为的表格,又要设计观察学生行为变化和学习过程及效果的表格。这两类表格要在课前会议中,由研修团队成员一起制定,并且要明确观察分工及记录方法,以便更好地从评价角度帮助执教者改进教和学的方式及效果。

表3–1 课堂观察表(教师用表)

研修主题:引导小学生感受文学名著中人物性格的策略——以《"凤辣子"初见林黛玉》为例

授课教师:_____ **学校**:_____ **年级**:_____ **日期**:_____

观察教师:_____

	观察类别	观察教师行为	观察学生活动	综合分析授课情况
引导策略(一)	课堂提问	预设问题:		提问角度简析:
		追问:		提问效果简析:
		生成问题:		
	各种形式的读	(默)读次数:	学生表现描述:	读的效果简析:
		(指名)读次数:	学生表现描述:	
		(范)读次数:	学生表现描述:	
		( )读次数:	学生表现描述:	
	课件	视频 图文		课件使用效果简析:
	激发情感			教师表现简析:
分析	教师课堂用时: 教师行为分析: 可行的策略: 改进教学方法:			

表3-2 课堂观察表（学生用表）

研修主题：引导小学生感受文学名著中人物性格的策略——以《"凤辣子"
初见林黛玉》为例

授课教师：_____ **学校**：_____ **年级**：_____ **日期**：_____
观察教师：_____

	观察类别	观察教师行为	观察学生活动	综合分析学习情况
引导策略（一）	课堂提问	预设问题：		回答角度简析：
		追问：		回答人数：
		生成问题：		
	各种形式的读	（默）读次数：	学生表现描述：	学习效果简析：
		（指名）读次数：	学生表现描述：	
		（范）读次数：	学生表现描述：	
		（ ）读次数：	学生表现描述：	
	课件	视频 图文		描述学生表现：
	激发情感			学生表现简析：
分析	学生活动用时： 学生行为分析： 可行的策略： 改进教学方法：			

上面的案例选自西城区阜成门外第一小学和展览路第一小学跨
校课例研修小组制定的课堂观察表。

**二、结合研修主题和观察目的，制定观察课堂教学中某个或
某些环节的局部观察表**

有些团队确定的课例研修主题只会在课堂教学中某个或某些环
节集中体现，课堂观察表就会在局部教学过程的观察中使用。有些团
队基于小组人数、组合力量和观察的熟练程度等原因，也可以先进行

局部观察，然后在教学的行为跟进中进行全面分析。

　　下面的案例选自西城区北礼士路第一小学课例研修小组朱丹丹老师制定的课堂观察表：

表3-3　课堂观察表

研修主题：紧扣人物动作描写展开想象，感悟人物内心——以《科利亚的木匣》为例

授课教师：_____　**学校**：_____　**年级**：_____　**日期**：_____

观察教师：_____

人物动作描写	教师行为	学生活动	综合分析
"埋"	引导想象的方法：	展开想象的回答：	学生回答角度简析：
第一"挖"	引导想象的方法：	展开想象的回答：	引导学生展开想象的方法简析：
第二次"挖"	引导想象的方法：	展开想象的回答：	

三、根据研修主题，在使用中修改和完善课堂观察表，有效观察，行为跟进

　　研究、制定出来的课堂观察表，教师往往在使用中会发现这样或那样问题，因此它不是一成不变的，可以随着教师对研修主题的深入理解，再不断调整和完善，使之越来越方便于教师的观察，观察出来的数据、证据也更能够帮助教师改进教和学的方式及效果。

课堂观察表在教师观课填写中，不断修改完善

下面的案例选自西城区展览路第一小学课例研修小组杨莉老师制定的第一轮及第二轮课堂观察表：

表3-4　课堂观察表（节选）

研修主题：在突破教学重难点过程中，教师有效反馈的研究——以《陶罐和铁罐》为例

授课教师：_____　学校：_____　年级：_____　日期：_____
观察教师：_____

第一轮课：课堂观察表中的教师行为——反馈类型								
非言语	提供范例	提供线索	进行提示	进行暗示	提供答案	顺延过渡	简单判断	强化反复
学生表现描述								

第二轮课：课堂观察表中的教师行为——反馈类型					
思维引导	强化重复	提供范例	顺延过渡	简单判断	非言语
学生表现描述					

指导/总结

从上述案例中，我们看到在课例研修中根据研修主题制定的课堂观察表，它是约束和监督授课教师前一轮教学行为的框架，又是通过观课帮助授课教师深入研究、改进教学，形成后一轮教学方案的重要依据。

一、要根据课例研修主题设计课堂观察表中的项目

案例中列举的4份课堂观察表的表头上首先亮出的就是研修主题，我们不难发现他们的研修主题有的来自对教师教学行为的研究——在突破教学重难点过程中，教师有效反馈的研究；有的来自对学生学习方式的研究——紧扣人物动作描写展开想象，感悟人物内心；还有的来自对教学内容的研究——引导小学生感受文学名著中人物性格的策略。

为了有效地进行一系列的观察活动，不断地解决问题及行为跟进，表格中的观察项目也要根据研修主题设计。这些项目是在课前会议中经过小组成员共同研究制定的。

在真实的课堂里，教师的教和学生的学是相互交织在一起的。观察者进入课堂，既要关注教师采取了哪些教学方法、采取的教学方法是否有效，又要关注学生如何学习、会不会学习，以及学得怎样。所以，课堂观察表应分为观察教师和观察学生两大类别。每一类表格中一般会涉及如下观察项目。

观察教师行为的观察项目		观察学生行为的观察项目	
预设的问题	预设的行为	对预设问题的回答	学习方法
追问的内容	应变行为	生成的问题	解决问题能力
评价生成	调控行为		学习态度、深度、广度
教学时间	教学效果	学习时间	学习效果
板书等基本功	教学态度		
对观察的记录和分析要做到定量和定性相结合			

二、课堂观察表中的观察项目要明确

例如，表3-4中，第一轮课预设的反馈行为就有9项，教师的哪些反馈行为会在课堂中使用，哪些又是有效的呢？有待观察者利用观察表进行记录及分析。我们对比地看表3-4，第二轮和第一轮制定的观察项目是有变化的。在第一轮的观察中，研修小组成员感到"提供范例、提供答案"类型接近，没有明显界限；"提供线索、进行暗示、进行提示"类型中有涵盖和交叉义项。他们无法很快作出判断，这无疑给统计数据及分析带来困难。经过讨论，小组成员对反馈类型进行了删改，又根据反馈的主次关系重新排序，有利于小组成员的分项观察和记录，有利于教师行为的改进，研修成员在改进中认识水平也有了提升。

建议/关键点

1. 教学是师生的双边活动，在课堂观察中，不管是对教师进行观察，还是对学生进行观察，虽有分工，但在思考上要将二者合二为一，即从教师教学行为如何引起学生的反应，或从学生反馈引发教师如何对学生进行观察，以便改进教与学的行为。

2. 课堂观察表中最好要设计"综合分析"一栏，这是观察者即时、扼要地进行评价的空间。"综合分析"时，既要有定性的描述性评价，又要结合观察到的数据进行定量分析，力求将定量和定性的研究方法结合起来。

课前会议：课例研修的根本所在

（六）培训课例研修小组成员

解读/认知

在课例研修中，培训相当于研修中的"修"。为了解决课堂教学中的问题，小组成员需要建立共同愿景，学习相关理论，演练技能方法、交流研修成果，促使团队共同成长。

培训的内容包括建立持续学习、成果提炼和网络交流的机制，学习课例研修的理论与方法技能，形成良好意志品质，提倡在同伴互助与专家引领中每一位小组成员都能顺利开展课例研修。

培训的形式体现在集中培训与分散培训相结合，在"做中学"，在"学中做"。

案例/方法

下面的案例选自北师大亚太实验学校小学部语文学科课例研修小组的研修过程记录。

一、课例研修初期——培训课例研修理论、组织与操作流程

培训主题：与"课例研修"相识

培训时间：2011年11月2日

培训地点：教学研究中心（信息楼二层）

参加人员：井绪潮（校长）、任敏（教学主管）、李岩岩、胡玉姝、王美清、赵淑銮、范传荣、常丽丽、全体语文教师

培训内容：

1. 北师大亚太实验学校小学部语文学科课例研修小组成立。（井绪潮校长）

2. 学习课例研修的基础理论与操作流程。（任敏　50分钟）

（1）课例研修从何而来？　（2）课例研修的特点。

（3）课例研修的理论基础。　（4）课例研修的组织与操作流程。

3. 明确组织分工。

研修主持：刘　悦（区研修员）　研修负责：井绪潮（校长）

执教教师：胡玉姝（语文教师）　电教负责：罗纪伟（电教老师）

核心成员：赵淑銮、范传荣、常丽丽、李岩岩、王美清（教研组长）

二、课例研修中期——培训专项技能：做课堂实录

在课例研修中期，做课堂实录既是我们采用的研究基本方法之一，又是深入研究课堂的第一步。然而，做实录仅仅是如实记录所有的课堂对话吗？真正有使用价值的实录究竟是什么样的呢？课例研修小组于2011年11月4日对"如何进行课堂实录"进行培训。具体安

排如下：

1. 上午08:20—09:00听常态课《瀑布》，并做课堂实录。

2. 下午15:30—17:10组内进行交流培训。

（1）30分钟进行交流研讨。

（2）40分钟看录像课《瀑布》，并进行课堂实录。

（3）30分钟总结交流。

课堂实录的培训先后进行了两次，小组成员对于课堂实录的方法技能不断提升，下面是我们三次课堂实录优缺点的对比。

	第一次实录	第二次实录	第三次实录
优点	· 提供了完整的师生语言对话记录	· 提供了完整的师生语言对话记录 · 不同教学段用时多少已经标记清楚 · 用简略符号T表示老师、S表示学生；不同片段中出现的S41按座位的行列关系指代同一个人	· 提供了完整的师生语言对话记录 · 采用时间刻度标记，不同教学事件读者根据需要可算出用时 · 一开始用座位表对S、S42、T等符号给予解释 · 他人可二次研究实录
不足	· 不同教学段用时多少不清楚 · 不同片段中出现的生1、生2混用，不指代同一个人	· 不同教学段用虽然给出了，但如果重新划分教学段，用时就无法推算 · S41和S14按照行列关系，究竟是哪一个学生没说明	· 一些关键地方没有作师生行为、表情、姿势、说话语气等的描写 · 没有整理者和整理时间等信息

三、课例研修后期——培训资料整理和成果提炼

课例研修小组于2011年12月1日以"课例研修成果的整理"为主题进行培训，具体内容是：（1）明确课例研修成果的种类。（2）怎样撰写课例研修报告。（3）整理课例研修成果应注意的问题。

指导/总结

从上述案例中，我们看到课例研修重视理论、实践与成果提炼的契合，不断培训是这一契合点的关键。具体体现在：

一、培训内容清晰、丰富，针对性强

1. 激励小组每一成员的研修动力，学习相关理论，培训研修方法和技能，形成团队研修文化等。

（1）通过培训激发研修小组每一位成员的研修动力。课例研修的理论基础之一是"同伴研修"理念，同伴研修崇尚一种新的"资源观"，坚信每个教师都具有知识、能力、经验等方面的资源价值。因此，课例研修团队中的每一位小组成员应具备一定的研究意识和研究能力，能够主动学习、积极参与研究。

（2）培训从课例研修

北师大亚太实验学校语文课例研修小组在井绪潮校长和任敏老师带领下学习讨论

的理论基础、整体框架和操作流程开始。课例研修理论基础包括："最近发展区"理论、"默会知识"理论、成人学习理论、构建主义学习理论、"团体动力学"理论等。基础理论的学习是建立和形成课例研修小组相互依存、相互尊重、民主和谐的研修文化的基础和保障。基本操作流程包括：策划与准备、实施与反思、梳理与提升。明确基本操作流程，能够使小组成员主动尽快了解、熟悉课例研修的进程和内容，以便研究尽快开展。

（3）应该培训每个环节的技能方法。培训每个环节的技能方法是顺利开展课例研修的技术保障。具体环节包括：研修主题的确定、文献研究、课堂观察表的制定等。在培训中既要有专家对小组成员的培训，也要有小组成员间的自我培训，两者相互结合使效果最大化。

2. 建立研修机制。

研修机制的建立是小组培训学习的保障。研修过程是不断学习、持续研究的过程。因此，建立持续学习机制、团队讨论机制、成果提炼机制、网络交流机制可以保障培训学习持续开展。

3. 形成团队研修文化。

在持续学习、反思改进的课例研修中，我们在不同阶段都应该进行培训和交流。这种培训和交流，我们应该打破专业研修人员和小组成员之间的鸿沟，在和谐、安全、平等的研修氛围中，大家敞开心扉，相互尊重，实现个人反思、同伴互助和专业引领的有效结合，进而改进教学。这种和谐、安全、平等的研修氛围是小组成员持续研究的保障之一，小组成员能够在不断反思、持续研究的过程中全程参与，不仅要有制度的保障，更需要研修文化的支持。

二、培训过程以同伴互助贯穿始终，专家在关键时刻出现

课例研修过程中的培训以同伴互助贯穿始终，专家在关键时刻出现。以我们培训"如何做课堂实录"为例，小组成员就是在一边做一边讨论的基础上不断积累更为优秀的做法，提高课堂实录的方法与技巧。更为可贵的是，在讨论交流中，青年教师帮助中老年教师，骨干教师带领周围的成员。大家将每一次课堂实录的方法技巧的优点与不足进行对比，深切感受到自身的提高与进步。

三、培训利于教师专业能力的增长和实践智慧的积淀

课例研修的培训不但能够促使团队在"做中学"，在"学中做"，而且能够及时提炼阶段成果，使诸如课前、课后会议实录，课堂实录，评课实录等成为团队共享的、教师教学行为持续改进的宝贵资源。

建议/关键点

1. 小组成员的培训活动，不应该是"我讲你听"，而应该是"我们一起做"。我们带领小组成员边做边学习的过程中，小组成员参与了、体验了、成就了、快乐了。

2. 建立课例研修小组公共邮箱。课例研修小组公共邮箱的建立，不仅使小组研究的成果能够大家共享，而且让每一位小组成员有了集体的归属感。这种集体归属感能够使每一位小组成员主动培训，乐于培训，从而消除培训者的消极抵触心理。

思考与行动

1. 结合下面案例，请老师们判断并思考：

北京市海淀区石油附小三年级语文组在张老师的带领下，根据日常教学进度，决定以《炮手》一课为例，实践课例研修。

在确定课例研修主题时，大家提出三种表述：(1)基于叙事性作品阅读实践，关注学生语言表达能力——以《炮手》为例；(2)引导中年级学生读懂一段话并仿写的能力——以《炮手》为例；(3)引导中年级学生读中想象并合理补白的策略研究——以《炮手》为例。

如果您是他们小组的成员，您认为哪种表述适宜作为课例研修主题呢？请作出判断并谈出理由。

2. 请结合实践思考：教师为什么需要借助课例在群体研修中获得专业发展？

3. 有的老师认为"围绕主题开展的文献研究主要是在课例研修活动之初进行"，你同意这种观点吗？可以结合本专题的内容进行思考：课例研修中如何做好文献研究。

4. 请结合自己的课例研修主题，按照文献研究的基本过程做一做文献研究工作，并试着写出文献综述。

5. 请你依据小组确定的课例研修主题，设计一份调查问卷或前测试卷，并根据统计出的相关信息进行合理分析；在实施课例研修之后，小组成员共同研讨：围绕课例研修主题开展调查并作分析的必要性体现在哪些方面？还需要怎样改进？

6. 日常听课记录表中，有课题、授课教师、时间、教学过程、板书设计、教学评价等项目，请你结合本专题内容和日常的听课记录情况思考：在课例研修中制定的课堂观察表与日常听课记录表有什么不同？

7. 对学科教师的培训形式大致有三种，即接受间接经验的讲授式培训、对实践经验进行反思的思辨式讨论和在解决真实问题的实践过程中体验式的培训。请结合实践思考：在课例研修推进的过程中，哪些内容以哪种形式的培训更能使教师获得实效呢？

策略四

"三轮两反思":
小学语文课例研修的行为跟进

（一）课例研修主题在每一轮课中始终贯彻体现

解读/认知

　　课例研修依托学科日常教学，重视教师教学行为的不断跟进，探求教与学的规律。其中，教师教学行为不断跟进的依据是已经确定了的研修主题，教师教学行为不断跟进的过程是在课例研修"三阶段两反思"的基本流程中实施的，即要在"原行为阶段（反思更新理念）→ 新设计阶段（反思改善行为）→ 新行为阶段"紧紧围绕已经确定了且固定不变的研修主题，从制定教学目标、突出表现研修主题的教学环节和学生的学习效果，来观课、议课和改进教学行为。只有始终贯彻明确的研修主题，才能在教师认识和解决问题过程中，促成他们教育教学观念和行为的根本转变。

案例/方法

　　这是2008年北京市西城区展览路一小和阜成门外一小跨校语文

课例研修小组的第一次尝试。我们确定的研修主题是：小学生感受文学名著中人物性格的教学策略——《"凤辣子"初见林黛玉》课例研修。这次实践历经了"四轮三反思"的过程。

次数	教学目标
第一次	1. 读课文，抓住作者刻画王熙凤的语言、外貌、动作的语句，结合课外资料，进一步感受王熙凤的性格特点，体会这样写的好处。 2. 能选择自己认为精彩的语段进行积累。
第二次	1. 朗读课文，抓住作者刻画王熙凤的语言、外貌、动作的语句，结合课外资料，进一步感受王熙凤的性格特点，体会这样写的好处。 2. 能选择自己认为精彩的语段进行积累。
第三次	1. 朗读课文，抓住作者刻画王熙凤的语言、外貌、动作的语句，结合课外资料，进一步感受王熙凤的性格特点（如：张扬、泼辣、善于奉迎等），体会这样写的好处。 2. 能选择自己认为精彩的语段进行积累。
第四次	1. 朗读课文，抓住作者刻画王熙凤的语言、外貌、动作的语句，结合课外资料，进一步感受王熙凤的性格特点（如：热情中有虚假，爽朗中见泼辣，能说会道里透出工于心计，情绪多变为的是逢迎取宠等），体会这样写的好处。 2. 能选择自己认为精彩的语段进行积累。
次数	教学流程
第一次	一、回顾导入。 二、人物性格细品。 （一）自学。（二）交流。按行文顺序逐一学习。 1. 第一、二自然段。　2. 第三自然段。 （三）人物形象入心 播放视频　诵读展示
第二次	一、回顾导入。 二、自主学习，交流反馈。 （一）外貌。（二）语言。读中发现、比较、想象和品味。 三、积累总结。 1. 诵读展示。　2. 观看视频。　3. 整体笼统回顾描写人物的方法

第三次	一、回顾导入。 二、集体学习。 （一）外貌（服饰部分）。小结学习步骤和方法。 三、自主学习，交流反馈。 （一）外貌（容貌部分）。（二）语言。 读中提出问题、发现变化、读中比较、想象、表演和品味。 四、积累总结 观看视频，诵读展示，小结学习方法
第四次	同第三次执教的流程
次数	感受"凤辣子"人物形象的课堂实录片段
第一次	师：嫡亲孙女什么意思？不都是孙女辈的吗？林黛玉是外孙女，其他三个是亲孙女。 师：出示关系图，介绍血缘关系。 师："竟像个"说明夸林黛玉好，不仅讨好了贾母还讨好了林黛玉。不让林黛玉觉得自己那么可怜。不愧说王熙凤是个语言学家呢！
第二次	师：王熙凤为什么这么对比来说呀？她不是前面在夸林黛玉吗？怎么又说到嫡亲的孙女上去了？ 生：在这里三春比林黛玉的地位高。王熙凤在这个时候夸林黛玉，就是说林黛玉长得非常漂亮，而且地位也很高。 师：如果光说这三春漂亮，好像冷落了林黛玉似的，她是外来客不能冷落她，得夸她。 生：而且就是个嫡亲的孙女这句话也不忘了安慰那三春，体现了她的伶牙俐齿。
第三次	师：王熙凤这会儿是夸林黛玉呢吗？ 生：其实她是在讨好贾母。因为贾母就惦记着林黛玉，所以只要把林黛玉讨好了，贾母也会喜欢。 师：她得让听的人都高兴。首先林黛玉得高兴，然后贾母在旁边听着夸这最心疼的外孙女，也高兴。还有谁在旁边听着高兴？ 生：还有迎春三姐妹。 师：她顺便又把三春也给夸了，说黛玉和这三个嫡亲的孙女一样标致。

续表

第四次	**生**：她说："竟是个嫡亲的孙女"，在贾母面前夸是在迎合贾母和林黛玉的心思。 **师**：如果你是林黛玉，听了在夸自己肯定很高兴。还有谁在旁边听着呢？ **生**：贾母。因为贾母本身很疼爱林黛玉，她看到王熙凤夸她的外孙女，她心里也高兴。 **师**：夸到自己心坎上来了。还有谁听着呢？ **生**：还有三个孙女听了也高兴。因为林黛玉是很漂亮的，然后王熙凤说"竟不像老祖宗的外孙女，竟是个嫡亲的孙女"也证明，也同时就是暗暗地夸三春也很漂亮。 **师**：假如你们就是一旁的三春，听了王熙凤这嫂子夸这林妹妹，也夸她和你们一样漂亮，心里一定也很高兴。这就是在"迎合"。

指导/总结

一、在教学目标的制定与改进中贯彻课例研修主题

在初备课时我们制定了教学目标，借助参考资料将"凤辣子"的性格特点理解为"刁钻"，课上让学生在文中找依据。第二轮课上这一环节用了大约13分钟，学生理解起来很吃力。显然这一教学方法违背了学生的认识规律。

通过再次学习和研磨，我们发现一个人的性格常常有不同的侧面，而小说中人物的思想性格是在情节发展演变中逐渐形成和表现出来的。分析人物，应把人物放在具体的情节中加以考虑，立足于课文节选片段，让学生感受王熙凤在初见林黛玉的这个情节下表现出的性格特点。因此，教学目标中关于人物性格这一点最终修订为：热情中有虚假，爽朗中见泼辣，能说会道里透出工于心计，情绪多变为的是

西城区阜成门外一小和展览路一小跨校研修团队在专家周卫教授的指导下，研究教材，制定教学目标

逢迎取宠等。

可见在课例研修中，关于教学目标的制定和修改始终是围绕着课例研修主题进行的，只有这样，课例研修才能在较短时间内发挥更高的效率，帮助教师发现真问题，解决真问题。

二、在突出表现研修主题的教学环节中贯彻研修主题

在四轮课堂实践中，我们始终围绕课例研修主题设计并改进教学流程、教学策略。

第一轮课，由于授课教师经验不足，事先预设不到位，课堂上呈现出老师和学生一问一答式的推进，教学效率很低。第二轮课，为了让学生体会人物形象，老师利用课后练习中出现的"刁钻"一词给学生，让学生先入为主地被动接受，而没有给学生自主学习的空间，自然对人物性格的理解也就不会深刻。第三轮课上，老师先带着学生一起学习最难理解的外貌描写片段，总结学习方法，然后再运用

这些方法让学生自己去品读其他语段，并借助多种形式的朗读、词语对比、想象表演等教学方法，帮助学生感受作家刻画人物的传神、

学生走进人物内心，学习兴趣高涨

运用语言的准确、人物性格的丰富，体现了教师在"小学生感受文学名著中人物性格"中的指导作用。第四轮课上，老师还注重让学生走进人物心里，进入情境体会人物性格。一次一次的研究和行为跟进，符合小学生学习文学名著的特点，贴近了他们的心理感受。而对这些方法的探究，得益于课例研修小组始终围绕研修主题进行的深入钻研。

三、课例研修主题在学生的学习效果中体现

在四轮教学实践中，老师努力抓住具体词句让学生感受文学名著中人物的性格。但不同的教学方法展现出了不同的教学效果。

如上表呈现的教学片段，在理解王熙凤的语言"竟不像老祖宗的外孙女，竟是个嫡亲的孙女"这句话时，第一轮课上只有老师在讲"嫡亲"指什么，句子是什么意思，而在整个教学环节中没有学生学的过程。第二轮课，虽然有学生的参与，但是"王熙凤为什么这样说"却是老师问出来的，学生是在老师的设问下被动地思考。第三轮和第四轮课上，老师引导学生进入情境，让学生体会听这句话的不同人物的心理感受，认识到王熙凤说这句话的目的一方面在夸林黛玉，另一方面也在逢迎贾母和三春，一举多得。

前两轮课无论是老师一个人的自问自答还是师生间的一问一答，学生都处于被动。后两轮课上老师引导学生走进人物内心，主动感受人物性格，呈现了高效的课堂学习氛围。这一学习效果的变化，是源于教师围绕课例研修主题展开的对教学方法的研究和改进。

建议/关键点

课例研修主题的贯彻与落实还应体现在：

1. 课堂观察表格的内容要突出研修主题。既不要面面俱到，也不能因为缺少了必要的观察要素，而影响议课和教学行为跟进。

2. 对学生的后测与访谈要围绕课例研修主题展开，以便更有效地检测教学效果。

3. 课后议课过程要贯彻课例研修主题，这样才能更有效地反思理想与现实之间形成差距的原因，寻找改进策略。

策略四

"三轮两反思"：
小学语文课例研修的行为跟进

（二）执教教师在教学中关注点发生变化

解读/认知

在课例研修"三阶段两反思"的实践中，执教教师对教材的理解会不断深入，教学设计、教学方法也会随之改进。当教师能够自如驾驭这些改进的内容后，他在教学中的关注点便会由教材、教案、教法转向学生，关注每一个学生的参与程度、学习现状、学习过程和学习方法，把握并有效利用课堂教学的资源生成，产生教学策略，形成教育智慧，达到教学相长。

案例/方法

下面的课堂实录节选自2008年北京市西城区展览路一小和阜成门外一小跨校语文课例研修小组围绕"小学生感受文学名著中人物性格的教学策略"这一研修主题实施的第二轮和第四轮的情况。

	片段一：理解"放诞无礼"
第二轮	师：还有一个人对她有评价，读一读。（生读句子） 师：贾母叫她什么？ 生：凤辣子。 师："辣"字什么意思？ 生：泼辣至极。 师："至极"从哪看出来的？ 生：网上专家给她的评论。 师：辣子就是辣椒，这辣椒什么滋味？火辣辣，热辣辣的。什么是"泼皮破落户"？注释里有吗？ 生：性格放纵，不拘小节。 师：性格放纵，不拘小节再加上刚才说的张扬，在这里就是辣子。
第四轮	生："一语未了……迎接远客。"从这里能看到还未见到她的人，就先听到她的笑声。人未到，笑声就先到了。也能看出描写细微，她是一个风风火火的人。 师：人未到笑先闻，这句话是你们搜集的课外资料上的语言。这是一个很好的学习方法。王熙凤这样进来之后，人们又是怎么评价她的呢？ 生："黛玉纳罕道：……放诞无礼"。林黛玉当时就想，后院里的人为什么这样放诞无礼呢？没有规矩的样子。 师：无礼是没有规矩，那"放诞"呢？ 生：是说性格放纵。 师：在这样恭肃严整的气氛之下，王熙凤就闪亮登场了，难怪林黛玉评价她"放诞无礼"，也难怪贾母说她是一个…… 生："泼皮破落户"。 师：还称她作…… 生：凤辣子。

	片段二：理解"携"
第二轮	师：携是什么意思啊？ 众生：牵。 师：嗯，我们可以换词。 众生：握着。 师：为什么不用握着、不用拉着？和携有什么不同？你想象一下她的动作来说说。 生1：显得她们俩非常亲切。 师：拉着稍微有点生硬是这意思吗？携着显得亲切。 生2：携着显得非常文雅。 生3：牵着一般都是人牵着家畜。 生4：一般都是大人牵着小孩的手，用牵就好像是两个人地位差得特别多。 师：所以说"携着"特别文雅、亲切。
第四轮	师：熙凤携着黛玉的手。什么叫"携"？ 生：拉。 生：牵着。 生：握着。 师：曹雪芹为什么不用拉，不用牵，不用握，而用一个携？ 生：我觉得王熙凤比较亲切一些。大家第一次见面就像家人一样，比较亲切。 生：用"携"比用"握"更好一些。"携"显得很亲切，很和蔼，而且还显出她对黛玉的关心，关系更近一些，还能体现王熙凤对她有亲切的感觉。 师：她是半拉着，半牵着，半引着她这妹妹，往谁那儿走？ 生：往贾母那儿走。 师：你又读出了什么呢？ 生：王熙凤这样做是给贾母看的，讨贾母高兴。 师：看来呀，她的每一个动作，每句话都不是无意而为的，都是有其用意的。

指导/总结

上表片段一，第二轮这一教学环节几乎是在解词，老师关注的是备课中教案里写的"性格放纵"这个词，只要课堂上这个词能出现，就算完成任务了。教师的关注点始终在教案，而完全忽视了学生学习的效果。第四轮课，老师让学生自己找喜欢的句子，读一读，谈感受。过程中教师适时点评，帮助学生总结学习方法。从实录片段中不难看出，老师始终在注意倾听学生发言，借助学生发言来点拨、引导，让大家一起走进故事情境，感受人物性格。此时，老师关注的是学生，老师的有效引导是在对学生理解程度作出判断后产生的，是对学生生成的有效利用。

片段二中，虽然两轮课都是引导学生用换词的方法理解词句，但第二轮课始终纠缠于所换之词的词义，偏离了课文节选片段的语境。而在学生偏离主题的过程中，老师没有作为，最后仍回到了学生最初理解的王熙凤待人亲切上，绕了一个圈子却没有提升。这一段教学的无效，源于老师没有真正关注学生，不知道学生理解到哪一步了，不知道学生的理解出了什么问题，不知道应该如何引导学生走进文本，

阜成门外一小尹靓楠老师四次执教《"凤辣子"初见林黛玉》

这就使得课堂效率变低。而第四轮课上，在换词辨析之后，学生对"携"的含义、作用有了初步的认识。老师在学生理解的基础上加以引导："她是半拉着，半牵着，半引着她这妹妹，往谁那儿走？"一下子就让学生走进人物内心。教师正是抓住了学生的已有认知——对"携"的理解和王熙凤亲切的态度，借学生的认识还原情境，思考人物这样作为的用意，让学生在揣摩语言的基础上感受人物性格，为学生从文本走进人物搭了一座桥。对学生生成的有效捕捉和积极应对，正是源于教师在课堂上始终对学生的关注。

著名心理学家林崇德说："教师的教为的是学生的学。学生的学习是有对象的，有内容的，这就是学习的客体。谁来学呢？学生。学生必然是学的活动的主体。"只有认识到这一点，教师才能在执教过程中真正把学生放在第一位，课例研修就是一个能够真实地呈现执教教师教学理念与教学行为变化过程的历练平台。

建议/关键点

1. 进行课堂观察时要充分搜集对教师和学生的观察资料，课后议课时进行对照，便于改进教学方法，调整课堂关注点。

2. 可以通过回看课堂视频或课堂实录，帮助执教教师进行反思改进。

3. 对学生的后测和课后座谈可以帮助教师进行反思，透过教学效果回看教学方法，印证课堂关注点是否落脚在学生，从而更新教育教学理念。

策略四

"三轮两反思"：
小学语文课例研修的行为跟进

（三）观课教师的观课方法

解读/认知

观课是课堂参与者相互提供教学信息，共同收集和感受课堂信息，在充分拥有信息的基础上，围绕共同关心的问题进行对话和反思，以改进教学的教师研修活动。

课例研修中的观课不是简单的听课评课过程，而是观课议课过

"带着DV走进课堂"是研修员张春明和展一小研修小组尹红、赵彤彦等老师们的习惯

程。"观"强调根据研修主题运用多种感官（包括一定的观察工具）收集有关课堂信息；"议"也强调根据研修主题在平等、开放的前提下，展开讨论解决问题，改进教和学的方式和效果。

课例研修成员可以通过视频案例进行观课活动。观课前观课教师关注研修网上公布研修主题，认真阅读网上提供的授课教师的教学设计；研修活动中网上观视频案例，记下课堂实录并展开网上议课。

课例研修成员也可以通过现场课进行观课活动。观课中观课教师根据不同任务，依据课前制定的课堂观察表选择最佳观察位置，即时记录教和学的行为并进行简单定量和定性的分析；观课后开展现场议课活动，改进教和学的方式，帮助授课教师形成后一轮教学方案。

案例/方法

一、课例研修成员视频案例的观课方法

有的观课的方式主要是观看整节录像课，观课教师根据教学目标的制定、教学过程的设计、学习方式的完善等方面进行纵向型的评课，观课过程中往往容易出现泛泛而谈的现象。而横向比较的视频片段课，则是根据研修主题将每节录像中截取呈现相同或相似问题的片段，组织观课者围绕研修主题集中进行横向比较议课。

下面的案例选自西城区五年级语文研修活动，负责区级研修活动的是西城研修学院的特级教师刘悦老师。

1. 关注研修网上公布的研修主题

一般情况下，在全区的大型观课活动中，研修网上会提前一周

公布研修主题。下面网上截屏，就是来自区教育研修学院刘悦老师和区研修班成员西城奋斗小学的周颖老师公布的本次研修主题——关注学生发展，把握学科核心，提高课堂实效。

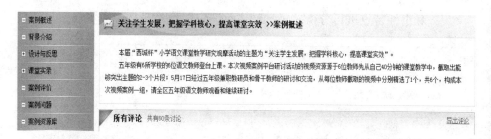

2. 观课教师要认真阅读研修网上提供的授课教师的教学设计，为观视频片段做好观课准备。下面网上截屏，来自不同学校的六位教师的教学设计及区骨干教师精心节选的视频片段。

资源标题	资源目录	上传人	上传时间	资源类型	浏览	下载
[小组公开]五路通小学 赵岚 《自...	2011-2012学年度	刘悦	2012-05-21		49	41
[小组公开]五路通小学 赵岚 视频...	2011-2012学年度	刘悦	2012-05-21		57	47
[小组公开]实验二小 张蕾 ...	2011-2012学年度	刘悦	2012-05-21		41	22
[小组公开]实验二小 张蕾 ...	2011-2012学年度	刘悦	2012-05-21		52	30
[小组公开]阜外一小 尹靓楠 《自...	2011-2012学年度	刘悦	2012-05-21		61	32
[小组公开]阜外一小 尹靓楠〈抓住...	2011-2012学年度	刘悦	2012-05-21	主题资源	65	63
[小组公开]20120517 骨...	2011-2012学年度	刘悦	2012-05-21	主题资源	91	73
[小组公开]中华路小学 刘霜联系...	2011-2012学年...	刘悦	2012-05-21	视频	64	19
[小组公开]实验二小 张蕾 ...	2011-2012学年...	刘悦	2012-05-21	视频	32	16
[小组公开]实验二小 张蕾 ...	2011-2012学年...	刘悦	2012-05-21	视频	28	13
[小组公开]阜外一小 尹靓楠〈抓住...	2011-2012学年...	刘悦	2012-05-21	视频	42	16
[小组公开]育翔小学 张泰 梳理表...	2011-2012学年...	刘悦	2012-05-21	视频	66	13
[小组公开]五路通小学 赵岚 读中...	2011-2012学年...	刘悦	2012-05-21	视频	37	11
[小组公开]中古小学 吴静华 ...	2011-2012学年...	刘悦	2012-05-21	视频	57	16

3. 围绕研修主题积极参与网上议课。下面网上截屏来自西城区展览路第一小学尹红老师的议课。观课中尹老师对视频片段进行了课堂实录，并在精彩之处进行了批注，再通过比对，对几位教师的共性和个性特点进行分析，又从学生反馈中评价了课堂的实效性。

尹红　发表于 2012-05-29 09:03　　　　　　　　　　　　回复　修改　删除

观视频案例，谈感受：(展一小 尹红)

六位老师的视频案例虽然只是课堂上一个个精彩的瞬间，却构成了一幅花团锦簇的研课画面。

几位教师同讲《自己的花是让别人看的》这篇课文，其中有异曲同工之妙处。教师关注了课堂教学中的词语教学，这是一条语文教学的主线。在词语教学中重在理解与运用，理解中关注重点字的理解；关注品读作家在使用词语时的恰当独到之处。虽然每一位授课教师目的相同，而采用的教学方法各异：想象；联系上下文；想象与现实画面的对比……真可谓：百花齐放春满园。这样的课堂景象也是我们听课老师最愿意看到的，语文课就应该根据文本的特色，教师的特点，彰显个性，上出了"语文味"来。其中印象比较深的是肖翔小学的张老师，课堂上她敏于取舍，大胆练笔，其练笔设计体现异国或我国风情，练笔内容与单元主题紧密联系。通过学生的展示我们也看到了学生们也在学以致用，一位学生在写到春节贴福字这一风情时，就用上了"家家户户"一词，其文风已经有了季老文章的一点点味道了，听后尤为感慨。

二、课例研修成员现场观课的方法

1. 根据不同的观察对象（教师和学生），观课教师选择最佳观察位置，及时记录观察现象，客观科学地进行分析。观察学生的教师，选择的位置既能在扫视中关注全体的表现，又能在注视中关注个体的表现，以便进行定量和定性的观察。

下面的表选自西城区中古友谊小学刘佳老师和白纸坊小学的徐莹老师的课堂观察表的记录（节选）。

研修主题：引导学生关注关键词语，体会人物情感——以人教版三年级上册《掌声》为例说明

课堂观察表（学生用表）片段

在根据所圈词语谈体会时，大多数学生感悟不够准确，不够全面，学生具体答案如下：

学生答案	回答人数
英子拿不定主意，不知道到底去不去台上讲故事	5人
英子怕被同学嘲笑，怕别人看到她走路的姿势	22人
英子很悲伤	1人
英子很紧张	1人
夺去了英子的心灵	1人
直接抄写所给句中词语	1人
英子很可怜	1人

学生表现分析：全班只有5人准确体会到了英子的情感，说明在课堂上，并没有通过教师充分、有效的反馈引导学生突破学习重难点，顺利完成学习目标。在第三轮备课过程中，老师们在突破教学重难点环节时，主要预设了拓展（引导深入、发散思维）、构建（总结提升）两类反馈形式。第三轮课后，对学生观察的定量分析表明：全班共有33人，能够抓准展现英子内心世界的词语，并把这些词语圈出来的为32人。

2. 观课教师不仅要通过课堂观察表呈现观察结果和分析，还要进行议课。可以从授课教师、观察学生行为及教师行为的教师角度进行议课。这种议课强调在平等对话的基础上，从教和学的行为入手，改进教学行为。

下面议课案例选自西城区奋斗小学李立雪老师，研修主题是：影响低年级语文教师设问有效性的分析——以《雨点》一课为例说明。

大家讨论的焦点是教师设问的两种方式，一种方式是教师通过手势提示和让学生读一读，还有一种是让学生画一画，讨论两种方式哪个更好？

【节选自第二次教学后】

李立雪说：可以通过课件演示，以读的方式学习对话。课件中出示课文中的一组对话，老师边画边讲解，在提示语里把"问"和"回答"点红，指着课件讲解，上面是小雨点儿问的，下边是大雨点儿回答的，有问有答，这样一问一答就是一组对话。这时，老师扮演小雨点儿，一名学生扮演大雨点儿先问，老师回答后，用手势提醒他继续对话，以读的方式代替画批。

杨老师说：画批是自学能力的一种培养，但是不可能把所有的好东西在一节课上都要体现出来。如果这堂课就想训练对话，就让他知道什么是对话，然后读好对话，还得分清角色，达到这一点就可以。当然这两个方式都可以达到这个效果，都能够使目标达成，我们就要考虑哪个更简单高效，哪个更划算。

指导/总结

从上述案例中，我们看到不管是通过视频案例观课，还是通过现场观课，一般采用的观察方法都要根据研修主题进行聚焦式观课。在观课中就教学精彩之点总结可行策略；对教学困惑之处进行讨论，发掘问题行为背后的观点，进而改进教学。

一、根据课例研修主题进行聚焦式观课

开放式观察中，观察者可以用纸和笔记录一节课的情况，他或者记录这节课的关键点，或者用他自己看得懂的方式对这节课各方面的情形进行详尽的记录。聚焦式观察需要选定一个观察的焦点，即研修主题。案例截屏中，就是基于"西城杯"课堂评优活动，面对全区全体五年级任课教师开展的一次研修活动。为了有效地进行观课，区课例研修骨干教师聚在一起，聚焦研修主题——"关注学生发展，把握学科核心，提高课堂实效"，从参赛的五年级教师的课堂视频案例中节选有效教学方法，以集锦的形式呈现在视频案例中。教师观课目的集中而明确，聚焦研修主题，进行课堂实录，在比对中开展网上议课。

现场观课更是体现了聚焦式观课的特点，制定的课堂观察表约束了观察的视角，其目的就是围绕研修主题解决问题，观察的目的性显而易见。在观课中使用观察表观察时，要严格按照制定的项目进行填写，进行定量（以数字化方式呈现结果）和定性的观察（以文字化方式呈现结果）。

二、根据课例研修主题进行探究性的议课

美国著名的教育评价学者斯皮尔伯格说：评价的目的不是为了证明，而是为了改进。新理念下的观课议课是一个学习和思考的过程，不仅要关注教师的教学行为，更应该关注学生在教师引导下的各方面的发展，通过学生学习方法的变化了解教师理念的变化。讨论和揭示更多的发展可能以及实现这些可能的条件和限制。

在西城区中古友谊小学刘佳老师和白纸坊小学的徐莹老师的课堂观察表的分析和西城区奋斗小学李立雪老师议课记录中，我们发现

授课老师、观课教师直面焦点问题，进行反思和讨论，充分利用定量和定性的科学分析，做出判断。李立雪老师这样总结：第一次教学时让学生画一画，学生要同时完成读课文、了解课文内容、区分角色、画批等多项任务，不符合低年级学生的认知特点，虽然设问目的性强，但效果不好。所以，教师设问不仅是让学生解决问题，而是便于学生操作，明确如何用恰当的方法解决问题。

建议/关键点

1. 在视频案例分析中，任何一位教师都可以把自己日常的教学录像课，围绕研修主题，经过简单视频采集，与其他教师的相同课例进行各个环节的互动对比。如同样是"情境导入"，两者对比后，则能较清晰地知道其中的差异。因此，授课教师自己可以结合本学科的内容以及教学中难以解决的实际问题，通过与多节不同类型课的横向比较，自主观课寻求解决问题的途径。

2. 现场观课者一是认真观察，注意搜集课堂上所能捕捉到的信息，特别是可视线索，如面部表情、手势、身体语言，因为这些现实没有"重来"的机会；二是记录，最简单的记录方式是笔录，有条件可以利用录像机技术做记录，还可以采用录音技术进行声音记录。三是注重观课各环节中的分析思考。

"三轮两反思"：
小学语文课例研修的行为跟进

（四）对教学中"关键事件"的捕捉、分析和改进

解读/认知

　　所谓教学中的"关键事件"，是指在课堂教学过程中实际发生的、体现教育核心问题和价值观或者对课堂教学效果起重要作用、决定教学成败的关键问题，它往往来自师生教与学互动中的有意义的事件。在课例研修中，通过课后集体反思捕捉到教学中的"关键事件"，进行研究分析，强调行为跟进，目的是促进教师探索教育规律和对正确理念的理解，优化学生学习方式，促进他们全面发展。

案例/方法

　　下面六个案例选自在西城区小学语文教研室研修员带领下，低、中、高三个年段在写字教学、阅读教学和习作教学的研修实践。虽然主题不同、课型有别、年段各异，但是各年级的老师们都能在课例研修中准确捕捉"关键事件"，努力在行为跟进中通过有效教学策略，

分析和改进"关键事件"。

案例一：

选自西城区黄城根小学徐静老师带领校本研修团队进行的课例研修实践。他们以"根据学情选择有效写字教学策略"为主题，以人教版一年级语文下册《影子》（第一课时）为课例，在一年级写字教学的研究中捕捉、分析和改进"关键事件"。

一、聚焦"关键事件"——怎样选择写字教学的内容，合理安排时间

黄城根小学冀莹老师在第一轮课上的写字教学环节中按照生字在教材中出现的顺序，只安排了学写生字"飞"，不少学生不仅写得好，而且提前完成了书写，课堂教学不够紧凑。课后，课例研修团队的老师们围绕研修主题，对合理安排写字教学的内容和时间这一关键事件进行了反思。

首先，从教材要求来看，本课要求认识11个生字，会写3个生字。3个要求会写的字中都有新笔画需要学习。因此，在第一课时中只动笔写一个字，把大量的识字写字任务放到第二课时，对学生的学习、巩固不利。

继而，老师们认真分析了这课中的三个要求会写的生字——"飞、马、鸟"，发现这三个字可以分为两类。"飞"为斜型字，"马"和"鸟"是上窄下宽的字，且主笔都是乙。如果把"马"和"鸟"放在一起学习，不但可以学习新笔画，还可以渗透相同结构字的学习方法，提高学生的自主习字能力。

第二轮课上，冀老师接受大家建议，调整了教学目标和教学内容。

第一课时写字教学目标：

1. 会写1个新笔画——竖折折钩；

2. 正确、端正、整洁地书写2个字——马、鸟。

二、根据学情，采取适宜的书写指导策略

为了能够有的放矢地进行书写指导，课例研修团队对全班学生进行了书写前测，请同学们临写"马"、"鸟"字各一遍，然后对学生书写情况进行统计。

书写态度认真，习惯较好	20人	占全班人数53%
笔画书写比较标准，能感知生字整体结构	10人	占全班人数26%
"竖折折钩"书写不端正	20人	占全班人数53%
字形上下宽窄比例失当	28人	占全班人数74%

表中数据显示，53%的学生对于新笔画"竖折折钩"不能端正书写，更有74%的学生对于生字"马"和"鸟"的结构把握起来较为困难。

由此，教师在如下四个教学环节中根据学生书写问题，采取相应的指导策略。

教学环节	学生书写问题	指导策略
学习新笔画"竖折折钩"	1. 不清楚笔画名称。 2. 容易分两笔书写。	1. 找相同点。 2. 读笔画。 3. 记笔画，说要点。 4. 同桌互记。
记"马"、"鸟"的写法	1. "鸟"字笔顺易出错。 2. 书写"鸟"字时有丢笔画现象。	1. 笔顺跟随。 2. 近似字找不同。
学习书写"马"	1. 不能够按照"整体—笔画"的正确顺序观察字形特点。 2. 上部书写过宽。 3. "竖折折钩"横向不够舒展。	1. 整体观察字形特点。 2. 借助图片直观观察：强化字形上窄下宽的特点。 3. 教师范写，强调笔画的书写和占位。 4. 学生书写。 5. 多种形式评价反馈。
学习书写"鸟"	1. "鸟"字小撇书写方向不准确。 2. 上部书写过宽。 3. "竖折折钩"横向不够舒展。	1. 对比"鸟"和"马"两字的相同点：字形上窄下宽。 2. 对比观察，强化两字不同点。 3. 学生书写。 4. 多种形式评价反馈。

三、教师形象、有趣的反馈语言，易于学生接受

针对学生书写中出现的"字形上下宽窄比例失当"的问题，教师设计了不同的反馈形式，其中教师的语言反馈，更因为形象、有趣且针对性强，易于学生接受，所以在第三轮课后，学生的书写水平明显提高。

生字	学生书写出现的问题	教师形象、有趣的反馈语言
马	下面部分写得太窄了	"踢出的腿和身子一样宽，小马才能站稳呀。"
	一笔二笔衔接不紧密	"脖子和后背分家了这怎么行？快把它们连上！"
	竖向笔画过于垂直	"笔画斜一些，跑起来的'马'才更精神呢！"
鸟	上部过宽	"小鸟的脑袋得比马儿小呢。"
	撇写成点	"小羽毛长反了。"
	撇出头或不到位	"羽毛得和脑袋连上啊！"
	点太小钩太大	"笔画之间懂礼貌，遇到一起要谦让。"

案例二：

选自在研修员杨伟宁老师带领下的二年级区域研修团队的课例研修实践。他们以"把握文本特点，探索科普类童话的教学策略"为主题，以人教版小学语文二年级上册《风娃娃》（第二课时）为课例，在二年级科普类童话的阅读教学中捕捉、分析和改进"关键事件"。

一、捕捉并分析三轮课中的"关键事件"

在"三阶段两反思"的课例研修中，区域研修活动流程见下表：

	第一次	第二次	第三次
时间	2012年9月20日	2012年9月27日	2012年10月11日
地点	西城区自忠小学	西城区自忠小学	西城区自忠小学
主讲人	翟向男	翟向男	翟向男
研修方式	听课、分组议课、集体讨论	听课、议课	全区观摩、汇报课例研修过程、网上研讨
参加教师	二年级区级教研组教师	二年级区级教研组教师	全区二年级语文教师

研修团队在每一轮课后，通过回看课堂观察记录，整理、统计、反思、分析、交流、碰撞等一系列研修过程，捕捉、分析课堂上的"关键事件"，为有效选择相应教学策略改进教学奠定基础。

	第一轮课	第二轮课	第三轮课
捕捉关键事件	有些语言文字训练脱离文本，目的性不强，训练之间缺乏内在联系和层次。"如何在阅读过程中恰当地进行语言文字训练"成为关键问题。	教学中突出了以学生为主体，培养学生的自学能力。但忽视了文体特点和学生特点，课堂沉闷。"如何针对文体特点和学生特点选择恰当的教学策略"成为关键问题。	课外资源充斥课堂，游离于文本之外，偏离了文本的主题。"怎样有效利用课外资源，突出文本主题"成为关键问题。
分析关键事件	1. 教学目标不清晰。 2. 教师见什么练什么，使课堂教学成为一个杂乱无章的大拼盘儿。	1. 教学策略不符合"童话"特点。 2. 教学方式不符合二年级学生的年龄特点。	1. 教学目标把握不准。 2. 资源利用不当。

二、教学行为跟进，探索"科普类童话"的教学策略

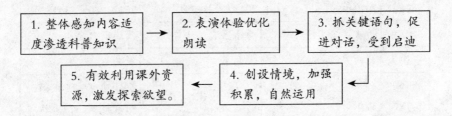

1. 整体感知内容适度渗透科普知识 → 2. 表演体验优化朗读 → 3. 抓关键语句，促进对话，受到启迪

5. 有效利用课外资源，激发探索欲望。 ← 4. 创设情境，加强积累，自然运用 ←

教学过程举例：

1. 第一课时，老师从整体入手，让学生读课文，说一说：风娃娃

都去了哪些地方，做了哪些事情？随着学生的汇报，老师板书贴词条。通过第二课时的阅读，学生了解风存在的形式和它的作用。

	去了哪些地方	做了哪些事情
风娃娃	来到田野	吹转风车，让秧苗喝足了水。
	来到河边	吹动帆船，帮助了纤夫。
	来到广场	吹跑了风筝和人们晒的衣服，折断了路边新栽的小树。
形式和作用	风无处不在	我们合理利用他，让他多为人民做好事，少做坏事。

2. 童话是一种带有浓厚幻想色彩的、具有丰富想象的、专为孩子们而创作的故事。教学中，老师牢牢把握住童话的特点，用生动形象的语言把学生带入童话世界。

师："你们都是风娃娃，快去田野里看看吧。读读第二自然段，说说你看到了什么？"

生：我看见一架风车转得很慢，抽上来的水断断续续……

师：（老师一边表演一边说）你们看老师就是这架大风车，我的手臂就是风车的扇叶。风车转得很慢，转转停停，抽上来的水时而流出一点儿，时而又没有了，就这样时而流时而停，书上用了一个什么词来形容？

生：（异口同声）断断续续。

师：那你们想想，这句话应该怎么读？

学生读的语速很慢，强调了"很慢"和"断断续续"。

师：地里的秧苗什么滋味儿啊？

生：渴坏了……真着急……快要干死了……

师:（大声地）风娃娃们，让我们来帮帮他们吧！

师和生:（学生做出深吸一口气的样子深深地吸，个个鼓起腮帮子，使劲地吹气）。

师:（兴奋地）快看呀！发生了什么变化？

生:（投入地、兴趣盎然地）读第二自然段第3、4、5句话。

师:我看到秧苗高兴得不住地点头，风娃娃也很高兴呢！

这一自然段的教学，学生完全融入在童话的世界中，和童话中的人物一起体验着急、快乐、兴奋、骄傲的情感，入情入境地通过多种形式的读，不仅读懂了课文内容，还感悟到段内的层次，句与句之间的联系。

3.结合课文的第四自然段揭示童话主题的关键语句"风娃娃想：帮助人们做好事，真容易，只要有力气就行"，引导学生和风娃娃对话：做好事真的很容易吗？是只要有力气就行吗？当风娃娃吹跑了风筝和人们晒的衣服，折断了路边新栽的小树时，人们却都责怪他。这是为什么呢？在与风娃娃的对话中，自然领悟了文章的主题——帮助人们做好事，并不容易，不是有力气就行，还要动脑筋想想是不是对人们有帮助，人们是否需要。

"这篇童话太有趣了！"学生完全融入在童话世界中

4.教师以"风娃娃又来到哪些地方、为人

们和大自然做好事了"为内容，有意创设情境，学生自然地模仿课文的段落结构练习说话。如："风娃娃来到了广场上，看到一群小学生在放风筝，他轻轻吹一吹，风筝就飞上了天空，越飞越高。孩子们高兴得一边拍手一边叫。""风娃娃来到院子里，看到人们把洗干净的衣服晾在绳上，他轻轻一吹，衣服很快就干了。人们特别高兴。""风娃娃来到操场上，看到孩子们新栽的小树。他轻轻吹一吹，小树在微风中点头微笑。"这个过程既是积累与运用相结合的过程，又是深化主题的过程。

5. 在教学中，老师适时适度地补充相应的图片和文字，加以生动地解说，使学生了解风的作用很大，人们可以科学合理地利用风造福人类，激发学生热爱科学，探索科学的情感。

案例三：

选自在研修员张春明老师带领下的三年级区域研修团队的课例研修实践。他们以"研磨与把握教材特点，确定有效的教学策略"为主题，以人教版语文三年级上册教材第六组24《香港，璀璨的明珠》这一略读课文为课例，在三年级略读课文教学的研究中捕捉、分析和改进"关键事件"。

一、深入研磨教材，把握略读课文的特点

本组课文以"壮丽的祖国山河"为主题，相关课文及《语文园地》中的各板块内容都是围绕着歌颂祖国大好河山、展现祖国发展成就，培养学生爱祖国的思想感情这一主旨而编排的。研读教材，我们明确了文本有两个特点非常鲜明：

| 结构清晰 | 第1自然段从地理位置、贸易、金融、商业、服务等方面简要介绍香港的美丽与繁华。 | 第2—5自然段分别从香港的市场、美食、海洋公园和夜景具体介绍香港的繁华和美丽。 | 第6自然段用一句话"我国南海之滨一颗璀璨无比的明珠"赞颂香港。 |

| 段式鲜明 | 第2—5自然段是文章的重点部分,作者运用了因果段式、总分段式等典型段落结构进行表达,层次清楚、表达生动。 |

我们认为:文本齐整的结构,较为生动的描写,贴近学生实际的语言风格,都为三年级学生独立阅读文本,从而整体感知文本内容、准确提取文本信息、独立积累语言素材提供了可能。

二、开展"三轮三反思",把握略读教学的特点

区域研修活动流程如下表所示:

	第一次	第二次	第三次
时间	2011年10月15日	2011年10月22日	2011年11月9日
地点	实验二小	奋斗小学	黄城根小学
研修方式	现场观课 课后议课	现场观课 课后议课	现场观课 课后议课
参加教师	片级协作组教师	片级协作组教师	全区三年级语文教师

1. 明确适宜引导学生独立阅读的教学流程。

实践的过程中,我们按照如下的思路开展了教学,大致流程如下:

2. 捕捉教学中的关键事件——阅读监控评价卷的拟定和实施。

第一轮实践：

以文本为学生自主阅读素材 → 以小卷作为阅读质量监控工具

拟定阅读监控评价卷内容：　　　　**实施阅读监控评价卷的特点：**

1. 从文中找一找好词，抄写下来。
2. 从文中找出近义词。
3. 从文中找出描写灯光灿烂的句子，抄下来，然后再读一读。
4. 在括号里填上适当的词语。
5. 默读课文，然后试着写一写课文是从哪几个方面介绍香港的。

1. 阅读时间有保证
2. 阅读自主性增强
3. 教学主线不清晰
4. 教学安排不合理
5. 词语监控用时多
6. 学生诵读体验少

第三轮实践：

修改阅读监控评价卷内容：　　　　**修改阅读监控评价卷的指导思想**

1. 课下积累好词，制作生词卡，准备课上交流。
2. 默读课文，然后试着写一写课文是从哪几个方面介绍香港的。
3. 在括号里填上适当的词语。
4. 从文中找出描写灯光灿烂的句子，抄下来，然后再读一读。

1. 课内外积累相结合
2. 整体把握文本内容
3. 感受词语运用形象
4. 关注段落结构特点

实施修改阅读监控评价卷的效果：

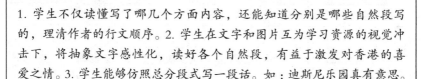

1. 学生不仅读懂写了哪几个方面内容，还能知道分别是哪些自然段写的，理清作者的行文顺序。2. 学生在文字和图片互为学习资源的视觉冲击下，将抽象文字感性化，读好各个自然段，有益于激发对香港的喜爱之情。3. 学生能够仿照总分段式写一段话。如：迪斯尼乐园真有意思。

案例四：

选自在研修员李淑敏老师带领下的四年级区域研修团队的课例研修实践。他们以 "精心选取读写桥梁的架设点" 为主题，以人教版四年级下册《扁鹊治病》课文为课例，在四年级阅读教学的研究中捕捉、分析和改进 "关键事件"。

一、"读写桥梁架设点"——在备课中的设计、被否定或确定的过程

设计 "读写桥梁架设点"	你能给这个寓言故事换一个更合适的题目吗？ （如：《桓公之死》《深刻的教训》《生命的代价》《小病成大病》……）
目的	训练学生自主拟题能力。
被否定的原因	否定 寓言故事中的寓意隐藏在字里行间，学生自主拟出明示中心的题目，过于直白，冲淡了感悟寓意的意味。

设计 "读写桥梁架设点"	结合本文的第2自然段内容，在括号内填写词语。 扁鹊在蔡桓公身边站了一会儿，（ ）说："大王，据我看来，您皮肤上有点小病。要是不治，恐怕会向体内发展。"蔡桓公（ ）说："我的身体很好，什么病也没有。"扁鹊走后，蔡桓公对左右的人（ ）说："这些做医生的，总喜欢给没有病的人治病。医治没有病的人，才容易显示自己的高明。"
目的	训练学生想象丰富表达具体形象能力。
被否定的原因	否定 寓言故事重在情节的发展，重在寓意的揭示，且故事本身短小精悍，不宜处处都展开想象和描写。

设计"读写桥梁架设点"	按照"时间—扁鹊的发现—蔡桓公的表现—扁鹊的做法—疗法"的线索，填表。
目的	训练学生把握主要内容能力。
被否定的原因	否定
	虽然是通过自主阅读填表了解文章的内容进而感悟文章的写作顺序，但完成此项任务用时长，效率不高。

设计"读写桥梁架设点"	关注到从故事的发展顺序入手，以文中出现的时间词"有一天""过了十来天""十来天后""又过了十几天""五六天之后"为抓手，思考：为什么要多次强调时间？这跟故事的发展，寓意的揭示有着怎样的联系？
目的	训练学生读中感悟连段成篇的方法。
被确定的原因	确定
	教材特点：全文共六个自然段。其中五个自然段的段首都出现了时间词。 学生特点：四年级第二学期的学生在习作中，已有连段成篇的意识，由于忽视借鉴范例，会在布局谋篇的运用中出现问题。

二、"学生感悟连段成篇的方法"——板书在引领学生感悟中的作用

在《扁鹊治病》"三阶段两反思"的教学过程中，板书设计不尽相同，所起的作用也有差别。

第一次授课教师通过自己的过渡语言启发学生关注文章的表达顺序，板书中没有明示。学生头脑中没有留下印象。

师：又过了十几天，扁鹊又看见了蔡桓公，这次他却掉头跑掉了？他为什么跑了呢？

师（创设情景，音乐起）：五六天之后，蔡桓公浑身疼痛，不久他就病死了。本来患的是皮肤上的小病，怎么会要人命呢？

↓ 板书设计

扁鹊治病

	扁鹊	蔡桓公	
医术高明	一见：劝	不相信	讳疾忌医
	二见：劝	不高兴、不理睬	
医德高尚	三见：劝	非常不高兴	固执己见
	跑	觉得奇怪	

防微杜渐、听取别人正确意见

第二次授课：教师小结时板书，凸显"时间"与"事件发展"的关系，引发学生的思考：从皮肤小病发展到无药可救，虽悄然不觉，却来势凶猛啊！终丢了性命，仅仅三十多天呀！你从故事中受到了什么启发？

板书设计：

扁鹊治病

有一天	皮肤小病
过了十来天	皮肉之间
十来天后	肠 胃
又过了十几天	深入骨髓
五六天之后	死了
不要讳疾忌医	**要防微杜渐**

第三次授课：教师随着学生感受扁鹊和蔡桓公的言行，教师及时小结并逐渐补充板书；在感悟寓意阶段，教师小结"这不起眼的小病，我们可以用"微"来形容，慢慢发展的过程用"渐"来表示，我们要防止、杜绝这微小的问题发展成大问题，这就是"防微杜渐"。读了全文，再看看板书，从皮肤小病发展到无药可救，你们数数才多少天呀？板书中这些表示时间的短语，你能迅速找到它们在文中什么位置吗？

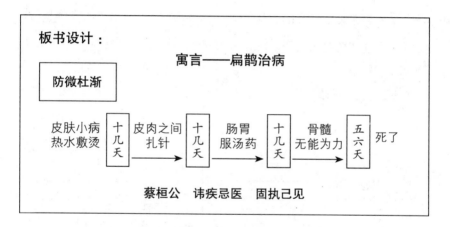

学生在书中圈画后，投影呈现。与小伙伴分段合作读一读全文，思考：这些时间短语在文中有怎样的作用呢？

案例五：

选自在研修员王爱军老师带领下的六年级区域研修团队的课例研修实践。他们以"依据教材

研修员李淑敏老师与柳荫街小学赵惠民校长、刘颖老师的研修团队在议课

编排特点，探讨阅读名著策略"为主题，以人教版六年级下册第四组略读课文《鲁滨孙漂流记》为课例，在六年级阅读教学的研究中捕捉、分析和改进"关键事件"。

一、策划研修流程

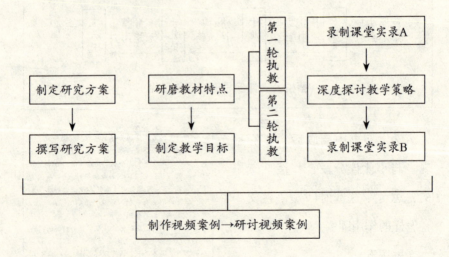

二、研磨教材特点

《鲁滨孙漂流记》所在的单元为阅读名著单元。这篇略读课文由两部分组成。一是"梗概"部分；二是"精彩片段"部分。

1. 从内容上了解"梗概"和"精彩片段"的作用。

通过查找资料，首先明确：梗概是一种应用文体，常用于电影、电视和小说的故事简单介绍等。它的基本内容包括主要人物、时间、地点、情节发展和结局。教材的编者所提供的梗概，比一般图书中的内容提要、序言等要详细。使得没有读过原著的学生通过编者提供的梗概，能够了解小说的内容，以便开展学习。教材的编者所节选的精彩片段告诉人们要勇敢地面对困难，用自己的勤劳与聪明战胜困难，令读者对他产生敬佩之情，并且教育读者在困境中学会生存。

2. 从体裁上了解"精彩片段"的表达特点。

《鲁滨孙漂流记》的体裁是小说。围绕着幸与不幸，叙述了鲁滨孙一人在荒无人烟的小岛上克服种种困难生存下来，最终回到英国的故事。小说以故事的发展为顺序，条理清晰，结构完整。在表达上既记述了鲁滨孙在岛上遇到的种种困难，又把他是怎样战胜困难的想法、做法描写得十分生动，同时运用了第一人称、前后呼应等写法，让读者仿佛身临其境，使得鲁滨孙这一勇敢、善良、勤劳、智慧的人物形象栩栩如生，跃然纸上。

三、围绕教学目标，确定教学策略和教学流程

1. 制定教学目标。

> 1. 阅读梗概，了解《鲁滨孙漂流记》的主要人物、情节发展和故事结局。
> 2. 浏览精彩片段，体会作品中人物的思想感情，关注人物命运并积累一些简单的阅读长篇名著的方法。
> 3. 摘录精彩句段，写下心得体会，激发阅读名著的兴趣。

2. 不断改进教学策略。

第一轮课堂教学策略	第二轮课堂教学策略
1. 从单元导读和课文导读中提取信息。 2. 整合相关资料。 3. 采用名著导读的方式阅读。	1. 教材使用的策略——依据教材编排特点，将编者意图转化为具体可操作的教学行为。 2. 教学内容处理的策略——依托课内教学内容，积极引导学生走向课外阅读，拓宽阅读视野，逐渐形成阅读习惯。 3. 教学方法选择的策略——依托《鲁滨孙漂流记》学习略读文本，引导多角度交流，制作读书卡片，初步学习阅读名著作品简单的方式方法，使学生学会在课外阅读中应用。

3. 不断改进教学流程。

	第一轮课堂教学	第二轮课堂教学
第一课时	1. 从梗概中了解原著的主要内容，初步感受鲁滨孙的人物形象。（求生能力强，求生欲望强，知识丰富） 2. 了解"精彩片段"与"梗概"之间的关系及其作用。通过阅读精彩片段，进一步感受鲁滨孙的人物形象。（坚定的意志品质、乐观） 3. 从"精彩片段"的描写中，感悟作者为什么这样写？这样写的好处是什么？	1. 提供八个角度，以"交流平台"形式请阅读过《鲁滨孙漂流记》的同学介绍作品。 角度一：了解故事情节 角度二：读后畅谈感受 角度三：领悟表达特点 角度四：知道作家情况 角度五：查阅创作背景 角度六：写出读者评论 角度七：摘录精彩句段 角度八：感受书中人物 2. 浏览"梗概"及"精彩片段"，通过交流，了解这些内容及各自的作用。 3. 再次提供八个角度，以"好书推荐"形式引导学生制作读书卡片，交流读书卡片。 4. 从课内走向课外阅读，布置课外拓展要以"邂逅名著"为主题，开展一次读书沙龙活动。

第二课时	1.通过边读边想象，使学生脑海中浮现鲜活的人物形象；通过制作读书卡片，引导学生写书评，指导学生边阅读边积累。 2.在阅读这篇名著时，随时注意积累一些阅读名著的好方法。	1.依据表格，交流"精彩片段"内容，引导学生归纳表头内容。（现状\表现） 2.依据表格，引导观察，感受人物形象。

于第三列表格：

现状	表现
忘记计算日期	刻一个斫痕，有了日历
缺的东西不少	从船上搬运东西、节省着用
缺乏工具	一年工夫，做完木栅栏围墙
没有食物	不介意
一系列坏处	想成好处……
我的发现： 面对重重困难，乐观、有毅力、顽强、勇敢	

3-4.同第一课时

案例六：

选自在研修员刘悦老师带领下的六年级区域研修团队的课例研修实践。他们以"把握习作教学特点，探索真情表达策略"为主题，以人教版六年级语文下册习作"我的理想"为课例，在六年级习作教学的研究中捕捉、分析和改进"关键事件"。

一、聚焦关键问题，完善教学目标

在"三阶段两反思"的课例研修中，区域研修活动流程见下表：

	第一次	第二次	第三次
时间	2011年4月14日	2011年4月21日	2011年4月28日
地点	研修学院	亚太实验学校	复兴门外一小
主讲人	韩燕燕、李京然	韩燕燕	李京然
方式	说课、议课	网络观课、在线议课	现场观课、分组议课
人员	六年级区级教研组教师	全区六年级语文教师	全区六年级语文教师

课例研修过程中,每一轮课后的研讨,研修团队都是围绕主题,从教学目标的制定和落实的角度入手,分析课堂观察的结果,聚焦教学中的"关键事件"。例如:

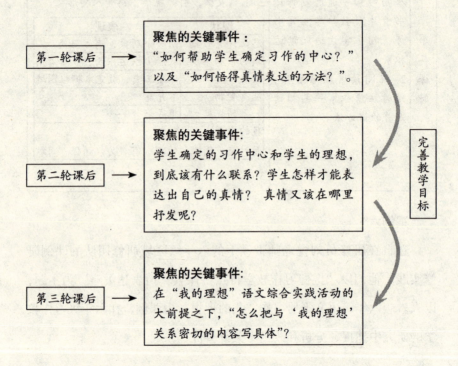

二、分析关键事件,调整教学策略

研修团队要以聚焦到的关键问题为圆心,以教与学的推进过程为半径,捕捉和分析相应的关键事件,修改不利于学生学习的教学策略。

例如,第一轮课后,聚焦的关键问题是"如何帮助学生确定习作的中心?"下面表格是研修团队对关键事件的分析及采取的相应教学策略。

描述关键事件	在学生交流习作重点时，有两个角度："我的理想的由来"和"我如何为了理想努力"。当老师追问：为什么你要重点写这部分时，学生的回答基本都是"因为有这方面的素材。"反映出学生在实践活动中素材积累丰富，但却不知道如何围绕"理想"选择材料，因此首先要帮助学生确定好习作的中心。
分析关键事件	着重分析出教师学科教学知识（PCK）的薄弱之处

原教学策略	修改后的教学策略
交流素材谈感受，完成思维导图	满怀真情讲故事，明确选材角度
总结选材明角度，交流写作困惑	反思选材问原因，扣住职业素养
列出提纲定重点，围绕重点写作	围绕中心忆体验，还原情境抒真情

呈现教学效果	第二轮课上，学生习作的内容不再是泛泛的对理想憧憬，而是能明确地从实现理想所需的专业素养及必备的精神品质方面确定明确的中心，学生对理想的认识逐渐丰满，在对体验的回忆、还原中能够较具体地写出体验中的细节。

三、教学行为跟进，形成教学策略

研修团队在有效议课中使教学目标不断完善，为了解决关键事

还原情境抒真情 ◄ 用照片或视频还原学生熟悉的生活情境，回忆"理想"的由来或为之努力的故事，"情"从"交流心中的故事情境"中来。

下水文补白抒真情 ◄ 教师下水文不是范例是反例，旨在引导学生将疑问从中提，生问师答平等对话解答疑惑，"情"从"帮下水文补白"中溢。

真诚评价抒真情 ◄ 赏读学生试写中有情感的细节，师与生、生与生之间真诚评价，树立自信，领悟写法，受启发，"情"从"不泛不假不燥的评价"中来。

下水文对比抒真情 ◄ 学生对比阅读教师修改前后的下水文，辨析语言表达在效果上有什么不同。与主题关系密切的内容写具体是关键，"情"从"细节"、"环境烘托"、"对比描写"等处来。

件，授课老师在研磨教材和教学跟进中采取了有效的教学策略。

指导/总结

从上述六个案例中，我们看到各年级教师在"三阶段两反思"的教学行为跟进过程中，老师们通过捕捉教学中的"关键事件"，紧紧围绕研修主题和深入研磨教材分析"关键事件"，在行为跟进中完善教学目标，形成了有效的课堂教学策略。这样扎实地实施课例研修的重要原因在于课后议课的深入和有效。

一、带着问题研修，捕捉"关键事件"

1. 课堂教学中，"关键事件"往往显示的是学生的"不理解、不会、不到位"和"怎样理解更准确、怎样表达更到位、怎样学习更聪慧"等知识和方法问题，因此课例研修要关注学生的起点和发展，疏通他们在知识、技能和能力发展上的纠结。

识字写字是一年级语文教学的重点，教师及时调整写字内容和合理分配时间是基础和保证，准确发现学生书写"马、鸟"二字时把握不好"上窄下宽的字形特点"和"竖折折钩的角度与宽度处理不当"的问题是关键，通过整体观察、图片观察、与实物对比联想、试写生字等帮助学生体会字形的结构和书写特点是手段和方法，针对书写中笔画要有宽窄变化和笔画角度问题，二次范写反馈指导，提高学生写字质量是最终的归宿。语文老师天天在每节语文课上都应给足学生不少于10分钟的练字时间，学生要在教师的指导和评价中，写出有质有量的汉字。

基于学生在四年级习作成篇的过程中，难以把握文章结构的问题，充分利用《扁鹊治病》一文中，以时间为序，依次写出事件的发展、变化这一特点，引导学生在阅读过程中感悟文章连段成篇的方法，从而在学生的阅读与习作间架设桥梁。"桥"的这边是阅读，"桥"的那边是习作。在教学实践中，我们常从两个角度入手进行研究：阅读教学中，教师可为孩子后期的习作做哪些工作？习作教学中，教师又该如何指导学生把自己在阅读中的所得在习作中迁移运用？

2. 课堂教学中，"关键事件"往往还显示出教师"目标不明干劲大，思路不清提问多"和"怎样导学会让学生学得更好"等学科教学知识和教学方法问题，因此课例研修要在"做中学"，不断完善教师的学科教学知识（PCK）。

PCK即Pedagogical Content Knowledge，这一术语最早出现在1986年美国斯坦福大学教育学教授舒尔曼在美国教育研究协会会刊《教育研究者》发表的一份研究报告中。

PCK的定义。舒尔曼对PCK的定义实际上是将PCK作为多种知识的综合，包含教师对学习者的知识、课程知识、教学情境知识和教法

教师的学科教学知识（PCK）

教师必须拥有所教学科的具体知识，如事实、概念、规律、原理等，还应该具有将自己拥有的学科知识转化成易于学生理解的表征形式的知识。

知识等，它是 "用专业学科知识与教育学知识的综合去理解特定单元的教学如何组织、呈现以适应学生的不同兴趣和能力"。

再用维恩图表示：

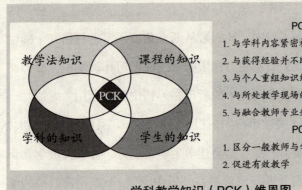

学科教学知识（PCK）维恩图

例如：二年级研修团队针对学生的学习兴趣不浓，课堂气氛沉闷的现象，教研员对老师们进行了一系列的追问：

1. 造成课堂沉闷，学生兴趣不浓的原因是什么？（教师认为策略有问题）

2. 本节课采用了怎样的教学策略？（教扶放）

3. 这样的教学策略是否合适？（教师认为文本的结构特点适合用这样的策略）

4. 在这一策略下，教师采用了怎样的操作方法？

5. 教师采用的操作方法是否合适？（教师认为不合适）

6. 教师采用的操作方法怎么不合适？为什么不合适？（教师认为 "渗透学法" 不等于 "逐层逐句分析"，"运用学法" 不等于 "画批、汇报、修改"。教学设计不符合童话类文本特点，也不符合二年级学生年龄特点。）

7. 应该怎样设计？

8. 预想一下，这样设计教学效果会怎样？

老师们的议课采用这种头脑风暴的形式，会议中不断出现沉默，又不断地出现沸腾的场面，老师们的思维是积极而活跃的。通过不断追问，追根溯源，老师们最终明白——教学设计要符合文本科普类童话特点和二年级学生学习的特点。

再如：为了使全区六年级的老师们参与研修更有效，在第二轮的习作教学之前研修员刘悦老师先在研修网六年级主页上，上传了韩燕燕老师两节习作指导课的视频及教案，并在研修网主页小组讨论区公布观课讨论题：

1. 关于教学目标的制定：这两节习作指导课的教学目标是否符合本次习作要求和学生的实际需求？如果需要修改，有什么建议？

2. 关于教学目标的落实：您认为哪些教学环节落实了教学目标？哪些环节需要改进？有怎样的具体建议？

讨论题目的公布，让参与研修的老师们带着问题看课，带着思考议课，从而捕捉到教学中的"关键事件"。其实，强烈的问题意识是思维的内驱动力，在"关键事件"的捕捉中，引领者提出的可供深化思考的问题往往可以使研修成员对课例的反思有针对性，利于捕捉真正的"关键事件"，引起有质量的讨论，并从理论上予以提升。

二、遵循规律思考，分析"关键事件"

1. 遵循略读教学和学生阅读的规律，拟定和修改培养学生独立阅读能力的"阅读监控评价卷"。

三年级区域研修团队以略读课文的教学为课例进行研究。略读，就是大略地读，把握住大意即可。对略读教学的定位，叶圣陶先生曾经说过："就教学而言，精读是主体，略读只是补充；但是就效果而言，精读是准备，略读才是应用。"精读课文承担着"授之以法"的任务，而略读课文则为学生"活用方法"服务。略读课文更要体现"自主"二字，要引导学生完成自主预习、自主明确学习任务、自主开展阅读、自主监控阅读质量等任务。因此，我们对略读课教学策略的研究也作出了初步尝试：以适合的文本作为学生自主阅读的素材，以阅读监控评价卷作为阅读质量监控的工具，以反馈结果作为引导学生感知文本的切入点，从而引导学生有序、高质量地自主阅读，发展学生独立阅读能力。

其中关键问题：一是拟定和修改阅读监控评价卷的题目，二是充分发挥阅读监控评价卷监控和引导学生独立阅读的作用。

初次拟定的"阅读监控评价卷"中题目设计简单，只倾向于监控，修改后的评价卷兼顾了引导学生读懂课文和评价学生阅读质量的双重作用；初次拟定的"阅读监控评价卷"题目的顺序不符合学生的阅读规律——由整体，到局部，回归整体，修改后的评价卷是学生有序自读的线索指引；初次拟定的"阅读监控评价卷"词语学习检测内容偏多，挤占学生自读理解整篇课文的时间，修改后的评价卷既在词语方面打通了课内外的积累通道，又使课上有限的教学时间花在了感知语言、运用语言上。

2. 遵循教材题材特点，恰当处理教学内容，选择教学方法。

六年级区域研修团队也是以略读课文的教学为课例进行研究。教学中，教师必须设计学生的学习体验过程，关注学生是怎样学习的，怎样学会的，怎样提高的，就是说要让学生享受学习的过程，这样才是关注学生的发展。

《鲁滨孙漂流记》虽是略读课文，但是其承载的任务决不仅仅是理解文本，更重要的是使高年级学生在课内阅读课中，掌握简单的阅读方法，从而尽早养成课外阅读习惯，对课外阅读整本书产生浓厚的兴趣，这是终身学习与发展的必需。因此在教学内容的处理上，教师由引导学生分析、理解《鲁滨孙漂流记》一文中的"精彩片段"写了什么，是怎么写的，改为把《鲁滨孙漂流记》中的文本信息当做一个样例，利用"交流平台"的形式，引导学生从不同的角度，介绍作品，推荐好书，从而拓展到课外的邂逅名著。这样从"文本"到"整本书"，从"篇"到"书"，从课内走向课外。对于"梗概"及"精彩片段"的处理，采取了淡化对比理解内容，强调了解各自作用，使得学生在走向课外阅读时，知道首先应怎样浏览整本书。在教学方法的选择上，第一轮课堂教学，教师重在引导学生阅读"精彩片段"时边读边想象。第二轮课堂教学改为依观察表格中的横向内容填表格，引导学生自主归纳表头内容；自主填写、交流表格的内容；通过横向观察表格中的内容，发现作者表达的特点；通过纵向观察表格中的内容，感受人物形象。这样设计，一是有利于学生自主阅读；二是有利于学生将理解内容与揣摩文章表达有机结合；三是启发学生阅读长篇内容时，可以通过提取信息，设计表格，理清文章脉络。由此看来，动态地使用这个表格，学生加深了对文本的理解，也加深了对阅读名著的体验。

三、重视行为跟进，改进"关键事件"

教学中的"关键事件"的研究通常有这样的顺序：（1）这个事件发生时的情景是怎样的？（2）原因是什么？（3）采取什么行动解决？（4）这样的行动得到了什么结果？也就是：情景—目标—行动—结果。从这样的内容来看，对"关键事件"的行为跟进，是解决"关键事件"的必要过程，也正是课例研修的重点。

回顾四年级教师三次执教中的板书设计，一次比一次更加清晰地显示是在让学生亲自感悟表达顺序。第一次授课，教师的语言表达效果不突出，多数学生感悟不出教师对他们的引领。板书关注的是事件本身的情节变化和人物表现，对"时间顺序"的强化不足。第二次授课，板书设计从关注人物，改为关注时间和事件，这对学生感悟文章的叙述顺序有帮助，且教师小结语，强调了蔡桓公从发病到病死仅仅历时三十多天，这一数字的点明，对提升学生认识，准确把握寓意帮助也很大，但这一环节的操作，还是显得蜻蜓点水，有点想在课后贴标签的感觉。第三次授课，在关键事件的处理上，收到了较好的效果。听课教师在网上这样评价："板书从形式到内容太巧妙了。从对文章内容的理解、寓意的揭示，到写法的渗透，都对学生起到了有效的指导作用。"

从上述六个案例中，均可以看到研修团队在议课的过程中，围绕主题，聚焦"关键事件"的解决策略。老师们在反思中，不仅要描述课中观察到的现象并进行解释，提出改进措施，而且要重新审视教学观念，搭建一座从正确的教学理念过渡到有效的行为操作的桥梁，带动下一轮的行为跟进。这就是将理论与实践相结合，改进"关键事件"的有效之处。

建议/关键点

1. 在捕捉教学中的"关键事件"进行分析和改进过程中，要加强教学论、心理学和语文课程标准等相关理论的学习，这样有助于教师透过表面的教学现象思考内隐于自己头脑中的学生观和教学观。

2. 在捕捉教学中的"关键事件"进行分析和改进过程中，要搭建相互学习、相互切磋、相互交流的平台，珍惜同伴研修的资源，使语文教师的学科教学知识（PCK）获得增长。

3. 捕捉教学中的"关键事件"，关键是能否准确深入地研读教材，研磨教材特点；在调查、分析学情的基础上，针对不同层次的学生制定正确、有效、有可操作性的教学目标。

策略四

"三轮两反思"：
小学语文课例研修的行为跟进

（五）观课后，整理课堂实录并作分析

解读/认知

课堂实录是将课堂录像制作成光盘，课例研修小组的教师通过在电脑上观看视频，按照教学过程中师生共同活动的真实情况，以文字形式进行的实际记录。

课堂实录是课例研修中课堂观察的另一种形式。如果教师亲临现场听课是对课堂教学直接、感性的观察，那么课后研读课堂实录，就是对课堂教学间接、理性的观察。做课堂实录与分析是课例研修中必不可少的一种研究方法，是一个比较有效的研究途径，它能让教师看到自己的不足、差距、问题，并能够找出原因，进行改进，逐步形成自己独具特色的教学风格，真正成为智慧型的教师。

案例/方法

怎样做课堂实录？如何利用课堂实录进行分析，使课例研修不

断深入呢？我们为大家选取了两个案例。均来自北京市西城区黄城根小学语文课例研修小组。

小组成员围绕研修主题"加强高年级学生情感体验的教学策略的研究"，选择了人教版五年级下册第6课《冬阳·童年·骆驼队》作为研修课例。

案例一：

师：还有哪个场景让你印象深刻呢？我们接着往下交流。

生1：我画的是第6自然段。小英子和爸爸讨论驼铃的用途。（读句子）"我不懂的事就要问一问"，说明她特别好学、特别可爱、那么小就这样好学。

师：童年就是这样事事好问。

生2：（读句子）小英子这么小就有自己的想法敢和爸爸说，我觉得她是一个十分善于思考的小女孩。

师：她体会到英子的善思。别人还有补充吗？

生3：我抓住的是"不是的，爸。"她的语气特别强烈，她特别想反驳她爸爸，而且坚持自己的想法，说明她说的是对的。【分析优点：这个学生能够抓住词句的语气来评价文中的人物，比前两位学生更看重的是语言的表达效果。】

师：英子除了留心看，这个时候还用心听，爸爸讲过的骆驼的知识她都记住了，这个时候还用知识来反驳她爸爸。你能想象这个情景来读一读吗？怎么读呀？她怎么说呢？谁来试一试？

生：（读课文）

师："一定是拉骆驼的人耐不住旅途的寂寞为增加行路的情趣。"

同学们让我们把眼睛都闭上想象一下，在茫茫的没有尽头的沙漠上，黄沙漫漫，这时从远方走来了一队骆驼，悦耳的驼铃声由远而近，你们听（音频响起驼铃声）。好，你们的脑海中出现了怎样的画面，你仿佛看到了什么呢？【分析 优点：教师有意凭借句子中出现的概括性的词语"情趣"，创设情境，引发学生想象，用心感受文中小主人公童心的美好，进而产生美的感受和体验。】

生1：我仿佛看到了骆驼就在我眼前。

师：好像你也走进了那个沙漠，和骆驼在一起，听到悦耳的驼铃声。

生2：我好像看到了骆驼队从一个黄沙堆前面走过来（越来越近了）。

师：想好了吗？谁来说？你来说。

生3：我仿佛看到了沙漠里漫天黄沙，什么都看不见，突然间从远处看到了骆驼的影子，骆驼队越来越近，驼铃声让沙漠有生机了。

师：想法多美好呀！

生4：我眼前看到的画面是：夕阳西下，彩霞的霞光洒到沙漠上，骆驼队在无数的沙丘之间穿行，若隐若现。骆驼一步一个脚印，随着驼铃声越来越响，越来越清脆。我看到了拉骆驼的人充满疲惫的脸上出现了惬意的笑容。【分析 问题：教师在这里应有意识地停下来，引发学生"回头看"，"在我们的脑海中为什么会有这么美的画面出现呢？"进而让学生回味是作者的几处关键性的文字引发了我们的联想和想象，让我们用心体验她的情感世界。】

师：你的想法多美好呀！同学们，小英子刚刚5岁呀，她幼稚的心灵中就充满了和大人不同的想法。你能想象她和爸爸说话时的语气，说话时的样子吗？该怎么读呢？谁来读一读这部分内容？

（生读。）

师：她的读仿佛把我们带入了那样的场景当中。谁还想读呀？那好吧，你来读小英子，谁来读爸爸？我们一起读旁白。

（生分角色朗读。）

案例二：

什么样的情境能加强学生的情感体验？小组成员利用课堂实录"欲给骆驼剪驼毛"环节在第二轮和第三轮教学中的处理片段进行思考分析。

第二轮课堂实录

生：我觉得当时的英子非常天真，她看骆驼那个毛又长又乱，于是就想拿把剪刀替它剪整齐了。

师：你们也是这么想的是吗？那骆驼脱毛的样子你们见过吗？

生：没有。

师：老师找到一幅图片想看吗？

生：想。

师：出示骆驼脱毛图片

生（小声）：真难看。

师：假如这样一个脱毛的骆驼站在你面前，你怎么想？

生1：恐怖。

生2：恶心。

师：那为什么同样的一个事，有同学会有不一样的想法？英子怎么看的？谁来读一读？你来。

第三轮课堂实录

生：我找的就是"我真想拿剪刀替它们剪一剪"。她用的是"真想"，说明她真的非常关心骆驼。

师：是啊，英子关心骆驼，关心它什么呢？现在你们就是小英子，我想问问你们，你为什么真想拿把剪刀替它们剪一剪呢？小英子你说说。

生1：我们夏天会把毛衣和羽绒服换掉，换成短袖衣服，她怕骆驼热着，对动物表示出了关心。

生2：骆驼这么可爱，为什么身上的毛这么不整齐，有的特别长，我要给它剪一剪，这样看上去可能更加可爱一些。

师：你是从心底替它着想啊！

生3：骆驼的身子底下这么一大块的毛，它肯定会难受，还是帮它剪一剪吧。

师：英子当初就是这样想的，所以她就这样写出来的，这里表达的就是真情实感，让我们一起来读一读这句话。

分析：

从两次课堂实录中可以明显地看出情境创设的改变源于学生的实际。

学生因生活背景、生活经历的不同，体会作者童年生活的乐趣是有难度的，因此看到脱毛的骆驼的图片，产生的情感体验与小英子没有达到共鸣。

针对学生的实际，在第三轮教学中，教师采用了读中采访的方式，在学生对文本有了初步的感知后，自然引导学生把自己当成小英子，去揣摩英子为什么"真想拿把剪刀替它们剪一剪"。这样的情境创设，促使学生结合文字，努力体验小英子对骆驼关心、为它着想的情感，从而与小英子的情感产生共鸣，更加深入地体验到了她童年生活的情趣。

结论：

情境的创设要有利于学生情感体验的加深。教师在教学时要善于创设情境，继而引导学生入境，让学生在情境当中结合自己的生活实际和经验，在头脑中再现和创造性地呈现出文本所描述的意境，将自己融入情境里的角色之中，同作品中的人物、事物产生情感的共鸣，从而受到文本情境的感染，产生深切的情感体验，进而发展认识。

指导/总结

一、记录课堂实录，方法不拘一格

1. 原始记录：即把课堂教学的过程原原本本地记录下来，不添加任何其他补充说明的内容。在记录时，以"生1"、"生2"的称谓清晰地表明，当教师在课堂上提出一个问题之后，几个学生分别从不同角度谈出了自己的想法，使人能够清楚地看出师生和生生之间交流的过程。案例二就是采用了这种记录方法，简单明了，教学过程一目了然。

2. 截取片段：即从完整的课堂教学的视频当中，截取"精彩环节"或者"问题片段"进行实录，在教、学双方的精彩之处或存在的问题之处，用不同的字体作批注。例如案例一，在记录中，教师批注出优点和不足，以便以后阅读实录的教师有针对性地进行剖析，使研究主题和重点更加突出。

3. 剧本对白：即采用师生对白的方式记录，并用括号"（　）"补注课堂气氛、师生表现等课堂情况。例如：

师：（微笑地）：小燕子去了几次菜园？

生：（伸出3个手指头，齐声回答）：3次。

师：第一次是在第几自然段里写出来的？

生（全体学生一起回答）：第二自然段。

师：小声读一读，看看妈妈给小燕子提了什么要求？小燕子观察到了什么？

（全体学生认真地诵读课文）。

生（其中一个学生回答）：燕子妈妈叫小燕子到菜园去看看冬瓜和茄子有什么不一样。

——选自北京市西城区受水河小学语文课例研修小组

这段实录不仅记录了这一环节中教师和学生的交流内容，而且在括号中还标注了当时教师的神态、学生的行为和参与的数量以及状态，使人看后像是在阅读剧本一样，有亲临现场的感觉。

4. 梳理"流程"：即根据自己的理解，在实录中把整个教学流程分成若干个环节，提炼概括出相应的小标题。例如：第一环节：引入；第二环节：体会人物性格特点；第三环节：借助视频资料，朗读展示；第四环节：布置作业。真实地记录每一个环节的教学用时，使课堂进程层次分明，教师思路条理清晰。

5. 叙事描述：即采用叙事的方法，把整个教学过程用写记叙文的一般方式记录下来，不仅记录师生的对话，对课堂情况也可以作较为具体、生动的描述。这种写法生动形象、可读性强。缺点是有时会过于啰嗦, 或过于"生动"而失去了实录的本意。

上述课堂实录的记录方法可以在实际操作中取长补短, 综合起来灵活运用, 以达到最佳效果。

二、整理课堂实录, 分析与之并行

课堂实录提供的是原始素材, 阅读它, 会使课堂情景再现并伴随着分析和思考: 学生在课堂上是怎样学习的, 是否有效? 教师是如何教的, 哪些行为是适当的? 作为旁观者整体感受如何? 案例一中, 小组成员在整理课堂实录时随时进行分析, 边观察边分析边梳理, 在思考中重温课堂教学, 使得教师在引导学生学习时表现出来的优点与不足显而易见。案例二中, 小组成员根据两轮教学中的相同环节进行对比分析, 发现问题后深入探讨和学习, 进而改变教学策略, 最终不仅解决了问题, 还提高了自身的认识。

三、利用"课堂实录与分析", 实现多重功效

1. 课堂实录为教师发现问题、积累经验、引起反思提供了真实可靠的依据。

课例研修要经历"三轮两反思", 在这个过程中, "课堂实录与分析"是小组成员手中不可或缺的研究材料。

北京市西城区师范学校附属小学一年级语文课例研修小组, 围绕研修主题"发展思维 丰富语言 尝试改编的乐趣", 选择了北京版小学语文第一册第七课《共同的家》作为研修课例。

小组成员根据整理好的课堂实录文字稿, 对教师和学生的语言

进行了量化统计，发现课上教师的语言占了三分之二，而学生的说话机会只有三分之一。

小组成员没有在表面现象上停滞不前，而是又结合课堂实录和量化统计的内容，按照教师和学生的说话速度，统计出以下数据，见表：

授课教师	课堂用时	教师说话时间	学生说话时间
第一轮授课教师	42分32秒	约27分54秒	约14分38秒
第二轮授课教师	40分40秒	约25分26秒	约15分14秒
第三轮授课教师	40分28秒	约28分56秒	约11分32秒

分析：这几组数字使参与研究的所有教师为之震撼。一节课40分钟，学生总体说话时间不足十五分钟，而更多的是教师在不停地追问、重复学生的话，严重违背了以学生为主体的教学理念，这是值得我们每一位教师深思的。

结论：培养学生说话能力，需要给学生创设情境，重要的还是必须保证充分的练习时间，这就要求教师把课堂还给学生，把时间留给学生。因此，发展思维，丰富学生的语言，必须有时间的保证。

在这个案例中，依据课堂实录统计出的具体数据，真实地反映出了问题所在，使得教师在今后的教学中，提醒自己要特别关注学生的学习这一维度。课例研修结束了，但语文教学还要继续，教师养成了这种发展性反思的习惯，那么课堂教学的效果就会越来越好。

利用课堂实录，可以围绕课例研修主题对课堂教学进行各个方面的对比：教学方法，训练方式，学文顺序，设问的角度和时机，补充资料、课件运用的时机，读书的形式、次数、效果，板书设计，教学收效……在比较中分析思考，发现问题，再深入研讨，调整教学思路，改进教学方法。如此循环，不断思索与探究教学中存在的问题，不断积累成功的好的经验，同时也不断地进行反思，完善自己的教学思想。这是一个扎扎实实提升教师教学能力的过程。

2. 课堂实录为最终获取研究成果提供了素材，是实施课例研修的保证。

小组成员可以通过深入细致地研读课堂实录，分为"教学目标"、"教学流程"、"指导策略"、"板书设计"等多个方面，进行有效的梳理和细致的分析，对每一次的课堂教学全程记录材料进行再分析，总结归纳教学的变化特征，阐述重要论题，很好地完成课例研修报告。

3. 课堂实录是教师相互之间取长补短，分享智慧，共同成长的有效手段。

做课堂实录，就好比在完成一项作业，在做作业的过程中，我们认真记录，冷静思考，从容研究，先当好学生，再做好教师。

借助课堂实录，教师可以对教案中的各个细节进行具体设想，预见在研究中有可能存在的种种障碍；可以在研究具体实施过程中考察各种各样的新现象、新矛盾、新情况；可以仔细甄别研究过程与实践过程的异同。在彼此的借鉴与学习中，我们可以不断形成自己新的视野和思路，从而达到共同完善、共同发展的目标。

建议/关键点

1. 记录课堂实录要准确无误，它是对课堂教学最直接、最真实的反映。最好能够标注出每个教学环节所占用的时间。

2. 课堂实录的分析应是经验和问题的整合，它应从教师、学生、学科性质等方面进行分析，尤其应关注的是"学生学习"这一维度，可以就参与度、达标水平、学习专注程度、对核心知识与技能的理解程度、有特殊需求学生的满足程度等多个角度进行分析。其核心目的是把主要关注教师如何教转向主要关注学生如何学。

思考与行动

1. 下面的课堂实录片断呈现了裕中小学王景周的课例研修小组成员对人教版小学语文六年级上册《老人与海鸥》中的两轮教学行为的跟进过程。请思考：在第二轮教学中，教师如何根据确定的研修主题进行行为跟进的？效果如何？您还有哪些行为跟进的建议？

课例研修主题——揣摩课文细节描写，并尝试运用

第一轮课课堂实录片段

师：文章在叙述这两部分的时候，同样都是写海鸥对老人的怀念之情，这两处在描写上有什么不同？

生：读前面写海鸥在空中盘旋的句子。

师：前一段写海鸥飞舞着，是动态描写。后一段写海鸥肃立不动，是静态描写。又有动态，又有静态，你感受到什么？去掉一个，剩一个你又感受到什么？两个都出现了，你又有什么感受？

生：海鸥不想让老人走，想让老人回来。

师：这种依恋之情这种悲痛之情就更加深了。在写作过程中，这叫动静结合，就能更加深刻地把自己的情感表达出来。希望在你们的习作中运用。

第二轮课课堂实录片段

师：当我们把老人的照片收走时，照片上的老人默默地注视着……文章当中出现了一个省略号，请前后两人一组，一个人写老人会对海鸥说些什么？一个人写海鸥又是怎样表达对老人的思念之情的。有个提示：可以描写海鸥的颜色、动态、叫声，运用恰当的修辞方法。两个人合作，写一段话。

师：谁来说一说老人怎样表达对这些海鸥的牵挂？

生：老人去世了，他的在天之灵依然默默地呼唤着这些与他朝夕相处的儿女们："海鸥啊！你们还好吗？能自己找到食物吗？独腿，你平时不大方便照顾自己，我虽然走了，但我依然想念你们，爱着你们。"

师：海鸥又是如何表达对老人的思念之情的呢？

生："儿女们，现在我又快乐，又悲伤。快乐的是我曾经和你们在一起的日子很快乐，悲伤的是我现在再也不能和你们在一起了，再见了，我的儿女们。"

生：这群白色的海鸥不安地看着这照片，心中十分疑惑：老人去哪了？他怎么了？渐渐地，它们明白了，老人已经去世

184 第二部分 解决"做什么"和"怎样做"的问题

了，不禁悲痛欲绝，静静地为老人守灵，在沉默中怀念老人，怀念老人与它们的感情……当一群人想收回遗像时，它们一齐扑向遗像，大声鸣叫，想保护老人，让老人永远和它们相伴……

师：你的练笔很精彩，是按海鸥为老人送行的顺序，通过对海鸥神态、心理进行描写表达海鸥对老人的离去无比悲痛、深情留恋、难舍难分的情感的。

我的分析与建议

_____

_____

_____

_____

2. 下面的课堂实录片段呈现了尹靓楠老师在执教人教版小学语文五年级下册《"凤辣子"初见林黛玉》一课两轮教学行为的跟进中教师提出本节课最主要问题的环节。请分析：以下哪个片段教师更关注学生的需求？尊重学生的已有认知和体验？您还有哪些建议？

课例研修主题——小学生感受文学名著中人物性格的教学策略

第二轮课课堂实录片段

师：我们看到性格不仅仅是外表漂亮、奢侈，还要深入到人物内心当中去，是人物的一种心理特点。这节课我们再次学习课文，要从外貌的印象看看王熙凤的性格特点。我请同学来给我们读一读自学提示。

师：先读读课文，把上节课我们标画出文中人物外貌、语言、动作、神态描写的语句，反复读读，结合课外资料，看看从中能感受到王熙凤怎样的性格？把你新的感受批注在课文的空白处。

第三轮课课堂实录片段

生：读完课文，我觉得王熙凤在贾府中地位很高。

师：好这是我们上节课就学到的，今天，我们还要抓住外貌、语言、动作、神态这四方面再细读课文，来看一看王熙凤的性格。（板书：性格）。刚才同学们通过朗读发现，这篇课文读起来不那么容易，而且最难读的部分是对哪方面的描写？

生：外貌。

师：我们就一起先来学这部分。来，把书翻到135页。读一读，说一说，你对王熙凤的性格有没有新的认识？

我的分析与建议

_____

_____

_____

_____

3. 在观课过程中，如发现学生学习行为中的问题或教师教学行为中的问题时，你能根据观察表的记录，结合自己的教学经验，或运用相关的教学理论，对这一问题的产生及处理结果作出初步的判断，与上课老师一起协商，形成解决类似课堂问题的设想或方案吗？

4. 有的老师认为教学中的"关键事件"就是教学的重点及难点，你同意这种说法吗？请结合本专题的内容进行思考：如何捕捉教学中的"关键事件"。

5. 请结合自己的课例研修经历和本专题的内容思考怎样解决教学中的"关键事件"。

6. 在"三轮两反思"的课例研修过程中，请你整理出一份课堂实录，小组成员依据小组确定的课例研修主题共同研讨，进行合理分析：课堂教学还需要怎样改进？

策略五

课后会议：
需要强调的"再调查与分析"

（一）围绕主题再度开展调查并作分析

解读/认知

课堂教学结束后，课后会议召开前，小组成员应按照团队分工，对学生再度进行调查和分析，以便进一步掌握学生学习情况与学习心理感受。它是课前会议中"调查和分析"的延续和深化。

课后会议主要是由研修小组成员依据课堂教学反映出的问题，共

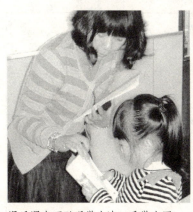

课后调查可以听学生读、看学生写

同反思理想与现实之间差距的原因,寻找改进的策略;提出新的教学设想和设计,以便继续观察、分析和改进。课后会议应尽早召开,及时依据观察量表进行课堂分析,并及时记录会议内容。

调查的形式主要包括:集体或个人访谈、课后问卷或检测等。再根据统计出的有效数据进行合理的分析。

案例/方法

为了让广大教师具体了解课例研修中课后会议"调查和分析"的具体内容,我们为大家介绍几个不同的研修小组开展课后调查与分析的情况。

案例一:

西城区北礼士路第一小学语文课例研修小组成员围绕研修主题"紧扣细节描写展开想象,感悟人物内心",选择了人教版小学语文三年级上册第七组《科利亚的木匣》作为研修课例。小组成员认为,检验教学效果是否有效,仅看教师完成教学任务是不够的,还要看学生

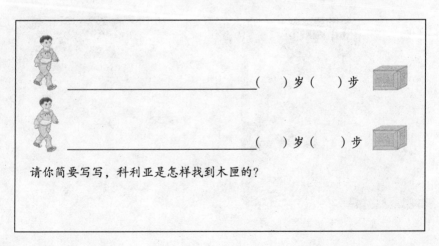

对这堂课的知识是否掌握了。因此第二轮课结束后，教师针对第二轮课的教学内容设计了一份课后检测卷（如上所示）。

之后，小组成员对后测的结果进行了深入的分析。如下所示：

目的	从形象思维到抽象思维对学生进行考察，先做图画题，是为了让学生有一个感性的认识；再做文字题，是从感性到理性的过渡。这样能够帮助部分学生在理性表述时思维相对清晰。	
题型	图画	文字
分析	第一幅图填写正确的为95.8%，第二幅图填写正确的为87.5%。分别都有学生在填写岁数上出现了填"四岁"的现象；把岁数和步子填反了。	表述清楚正确的为50%；表述不详细的为33.3%；表达错误的为16.7%。问题：有一半的学生知道答案，但表述不清。学生的语言表达能力有欠缺。
结论	1. 95.8%的学生填图正确，说明他们能够抓住语言文字的细节描写展开想象，走近人物的内心，理解课文中的难点。 2."填图"这种新做法与以往教师常采用的"动画"演示，都有助于学生从感性到理性的过渡，并能在表述时思维相对清晰。	1. 三年级学生刚刚进入习作的起步阶段，学生的文字表述能力有待提高。 2. 本课的语言表达特点鲜明，描写人物动作的词语有序、准确，这正是训练三年级学生语言表达能力的一个绝好蓝本。 3. 抓住不同类型的文章和段落的表达特点，训练学生的语言表达能力，也是我们研究成果的一个延伸。

案例二：

西城区中古友谊小学语文课例研修第一小组成员围绕研修主题"依据恰当教学目标，选择恰当的教学内容——紧扣目标，合理取舍，优化教学环节"，选择了人教版四年级上册《为中华之崛起而读书》

作为研修课例。小组成员在研修过程中,对学生采取了"前测"与"后测"相结合的方式进行调查和分析。

前测内容	正确率	后测内容	正确率
你知道"为中华之崛起而读书"这句话吗?	88.24%	少年周恩来一到沈阳,大伯就给他定了一条规矩:_____。	100%
你知道"为中华之崛起而读书"这句话出自哪位名人之口吗?	91.18%	少年周恩来闯入租界地,看到了这里果真和别处大不相同,____,____,____。看到一位妇女_____,明白了_____。	93.33%
你知道周恩来吗?	94.12%	修身课上,魏校长询问同学们为什么读书,周恩来回答:"_____。"	100%
你了解青少年时期的周恩来吗?简单列举两件事: 1._____ 2._____	23.53%	你觉得少年周恩来是怎样的一个人?	80%
你了解周恩来少年时期中国百姓生活的情况吗?挑选以下词语来描写一下当时的景象。 ☐灯红酒绿 ☐房倒屋塌 ☐欣欣向荣 ☐流离失所 ☐忍饥挨饿 ☐丰衣足食 ☐衣衫褴褛 ☐富丽堂皇	64.7%	你了解周恩来少年时期中国普通百姓生活的情况吗?请用四字词语来描述一下。 租借地外: _____ 租借地内: _____	100%
		回答:你为什么而读书? _____	100%

案例三：

西城区中古友谊小学语文课例研修第二小组成员围绕研修主题"在突破教学重难点过程中，教师有效反馈的研究——引导学生抓住关键词语，体会人物情感"，选择了人教版三年级上册《掌声》作为研修课例。小组成员在研修过程中，依据学生前后测数据分析，看教师反馈的有效性。数据对比1：

第二轮前后测，对"第一次掌声含义"理解人数对比

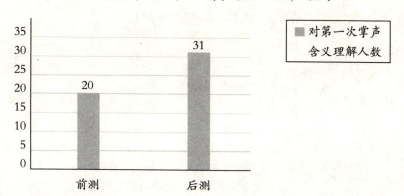

　　现象：32名学生中，有20个学生对第一次掌声的含义不理解或者理解不到位，认为是掌声使英子发生巨大的变化。这样的认识仅仅停留在了表层。

　　分析：通过研读教材可以知道，真正让英子发生改变的是同学们掌声中包含的鼓励、尊重等内在意义。因此，在备课的过程中应从学生角度思考，对学生可能有的想法进行详尽的预设，结合课堂中学生的生成进行预设反馈。

　　结果：教师在课上着重通过反馈这种形式，引导学生对第一次掌声包含的意义进行理解。在同一班级的后测中，通过课堂学习，仅

有1名学生理解不够准确。

为了检测学生在课堂上是否通过教师有效反馈，学会"抓准关键词语，体会人物情感"，突破教学重点，在第二轮和第三轮课后，均对学生进行了后测，并进行了前后数据的对比。后测题目举例：

"英子犹豫了一会儿，慢吞吞地站了起来，眼圈红红的。"这句话中的哪些词语能展现英子的内心世界，先把它们画下来，再把你的体会写在横线上。数据对比2：

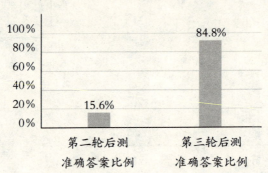

第二、三轮后测准确答案比例对比图

图中可见，在实际教学过程中，教师在运用拓展（引导深入、发散思维）、构建（总结提升）两类主要反馈类型引导学生突破"抓住关键词语体会英子情感"这一难点时，效果是非常显著的。

指导/总结

一、课后会议的"调查和分析"很有必要

1. 课后会议的"调查和分析"可以检测教学效果，体现课例研修的价值所在。

"调查和分析"提供了检测教学效果，即评价的有力依据。以上三个案例均有体现。它们出题形式不单一，后测时间不统一，但都能显现出教学的效果。《科利亚的木匣》的"调查和分析"以表格形式呈现，明朗清晰；《掌声》的后测结果以柱状图的形式进行对比分析，充分显示出第二轮课和第三轮课之间教学效果的差距。课后的评价不再像以往那样凭个人感觉泛泛而谈，而是用数据说话，以直观的形式呈现，教学效果一目了然，减少了评估的随意性。

2. 课后会议的"调查和分析"可以推进教学研究，体现课例研修的拓展和延伸性。

"调查和分析"是进一步改进课堂教学的重要依据。《科利亚的木匣》后测中的文字题检测结果数据显现出的问题，正是需要教师进一步攻克的教学难点，这个分析结果，为下一步的课例研修主题确定了方向，课例研修将会伴随着我们日常的语文教学，不间断地开展下去。

二、课后会议的"调查和分析"内容要与课前会议的"调查和分析"内容相关联

在课例研修过程中，课前会议与课后会议的"调查和分析"可以相结合起来运用，有助于改进课堂教学研究的方式，切实加强课例研修的实效性。

案例三中的数据对比1显示说明，研修小组成员在教学中根据学生的"前测"和"后测"所体现的学情，对教师有效反馈方式进行了充分的反思与预设。在教学实践中，依据课堂生成，顺势而导，启发

学生深入思考，形成新的生成，逐层深入，最终突破教学重难点，达成教学目标。

三、课后会议"调查和分析"的结果要与课前会议的"调查和分析"作对比

在案例二中，研修小组成员在第二轮课和第三轮课后分别对学生进行了后测，题目内容有相同之处，也有递进和补充。通过表格的对比显示，第三轮课的教学效果一目了然：学生在基础知识方面有所加强，情感态度题依旧很理想，说明教学目标落得很实。

四、课后会议的"调查和分析"激发教师进行反思，促进教与学的共同成长

教师的专业成长是在先进的教育教学理论指导下，借助于行动研究，不断对自己的教育教学实践进行反思，进而积极探索与解决教育教学实践中的问题的过程中，逐渐成长为研究型和专家型教师的。课例研修中课后会议的"调查和分析"，正好给我们提供了深入反思的契机，搭建了利于自我成长的平台。

建议/关键点

1.运用课前会议与课后会议的"调查和分析"作对比的方式，对课例研修的效果作出比较可观的分析、判断。

（1）课后会议"调查和分析"的对象，应该与课前会议"调查和分析"的对象完全一致；内容也应该与之相呼应，或者是前者的反馈。

（2）通过数据对比，小组成员可以清晰地看到前面通过调查和分析发现的问题，经过"三轮两反思"之后，是否得到了有效的解决。

2. 课后会议"调查和分析"的形式与课前会议"调查和分析"的体例与形式大致相同。但也应该注意：

课前会议的"调查和分析"是课例研修的前提，形式是多样的，不仅局限于测试卷，还可以是观察现象、访谈等形式，数据反映出的是问题表现出的现象；课后会议的"调查和分析"大多选择测试的方式，得到的数据及对学习效果的描述都是结论性的语言。

策略五

课后会议：
需要强调的"再调查与分析"

（二）根据课堂实录、议课实录提炼每一轮课特征

解读/认知

议课实录是在每一次教学之后，针对小组成员议课活动的真实情况，以文字形式进行的实际记录。议课实录的记录者是研究者和参与者，记录中要尊重每位议课教师的谈话视角与看法，及时、准确地把理念更新、方法改进等观点与建议真实地记录下来。记录中还要在忠实于议课者思路的基础上，把语句梳理通顺、连贯，把每节课的主要问题和改进措施用不同的字体显示出来，使授课教师一目了然。

议课实录为提炼和概括出每一轮课的特征提供了重要而翔实的依据，客观真实地再现了课例研修小组成员思维碰撞、深入备课、行为跟进的过程，是团队实

整理议课实录，分析教学特征

践智慧的结晶。

案例/方法

案例一：

北京市西城区文兴街小学语文课例研修小组以"抓住场面描写，感受毛主席的风采"为研修主题，选择人教版五年级下册第26课《开国大典》为研修课例。在第一轮课堂教学结束后，小组成员在课后会议中开始议课，下面节选的就是教师整理出的议课实录。

次数：节选片段一

议课实录及归纳：

楚青青：我通过观察学生，觉得学生发言的时候应该会抓住关键词，老师好像特别注重引导他们，但他们好像不会抓关键词。

分析：发现学生的问题

次数：节选片段二

议课实录及归纳：

张玉荣：我发现学生画的时候，他们不是混着画的，他们先画曲线或者先画直线。

楚青青：因为默读提示就是这么写的。

韩鹏艳：就是先找一种人的，找全了再找另一种。

张玉荣：对。

金　梅：5—15自然段这么长的文章让学生去找，他会不会跳读？他要跳着挑出来行，他要是挨着盘儿地读一遍，时间又长，而且又是在先画直线的一溜儿，再来一遍画曲线的一溜儿，再检查一遍，得多长时间呀!

分析：研讨默读思考题在学生操作中遇到的困难

次数：节选片段三

议课实录及归纳：

韩鹏艳：我感觉是我们设计的原因。设计这课的时候，咱们不是挑了7个重点句吗? 我们在设计的时候就是想每句都简单地串一下，我觉得这设计上就有问题。所以造成今天拖堂。

楚青青：这篇课文一共有几个场面呀?

韩鹏艳：我们选的是7处。

楚青青：7处都是一个场面，还是7个场面?

张玉荣：不是一个场面，是一个个场面。

楚青青：开国大典的典礼是一个场面，它就是一整块儿，然后阅兵式是一个场面，所以我觉得得先明白它是几个场面，然后把多出来的时间整合一下……我觉得如果把开国大典的典礼看作一个场面的话，就可以把前边那块儿整合。就是毛主席怎么做，群众怎么做，这块就可以看作一大块儿，然后给它进行一大块儿的处理。然后呢，阅兵式可以看作一个场面。

韩鹏艳：阅兵式我们是整合了。

张玉荣：然后群众游行又一个场面，对吗?

楚青青：对啊。然后通过学第一个场面，可以抓7个重点句，体会出场面要把握什么特点，然后再让学生学阅兵式那个场面，等于就是有"教—扶—放"的过程。这样不就是整合了吗? 就不会有串讲串问的感觉了。

分析：教学设计上出了问题，一定是研读教材中有疏漏。研读"场面描写"的结构和如何在教学中演示。

次数：节选片段四

议课实录及归纳：

楚青青：还有就是逐渐加深学生体会，我觉得可以把对毛主席的一些资料介绍加在这7句的体会中。比如说刚才有一个场面是这样过渡的："归功于谁呢？"学生说："归功于毛主席。"为什么要归功于毛主席呀？……这儿可以出示一些资料。比如说毛主席的几次特别准确的决断，因为他的领导方向，他的领导智慧，带领着中国人民、军队能够一次次地取得胜利。可以出示几小段话，毛主席曾经在（ ）情况下做出了（ ）决定，然后让学生说，你们觉得归功于谁呢？人民为什么这么爱戴他呀？因为他的决策呀什么什么的，这样在他体会场面的过程中就能感受到为什么人们看到毛主席来了，就会有这样的反应，看到毛主席做什么，就有这样的反应。那个视频我觉得可以加在中间，体会那心情，看完视频再去读，我觉得可能就会读得更好一些。这样它可能一层一层的，感觉就能够加深。最后再提升总结一下，可能就水到渠成了。就是把那些资料加在里头，不是光让他说爱戴，光让他说尊敬，还要让他体会到为什么。

张玉荣：要有资料，因为毛主席和他们的生活离得太远了。

楚青青：就这爱戴和尊敬的原因，咱们设计一些方法，让他了解到，这样他理解的就不是在面上。比如让他站起来读完这段，他说感受到激动、兴奋。我们问："你从哪儿感受到的激动、兴奋？"他可能说，他从"瞻仰"，因为"瞻仰"是什么什么意思，人们在这儿对他是一种崇敬的心情。带着这种崇敬再读,在这儿可以出示一小段资料,问:"你看人们为什么崇敬他?"然后让他再读,就更厚实了一些。

金 梅:"广场上人们热爱领袖的心情融成一阵热烈的欢呼。"光从这一句话,恐怕体现不出人们热爱领袖来。那么这个热爱领袖的心情是从何而来的呢?"中华人民共和国中央人民政府在今天成立了。"怎么成立的?是因为有领袖的丰功伟绩在里边,所以人们才能那么激动,最后才能自然而然地热爱我们的领袖……就是主席在这里起的什么作用,主席的风采他怎么能感受得到?所以要把这个加进去。这样节约出时间来了,在孩子们的脑子中留下的是一整块儿一整块儿的东西,不是一句一句话了。

张玉荣:刚才楚老师说的那个挺好。就是毛主席的丰功伟绩,因为毛主席的决策取得了胜利,解放了全中国。

金 梅:比如说:毛泽东开办了农民讲习所,秋收起义,抗日怎么着,就要这个,怎么一步一步推动着中国的革命向前进,最后建立了新中国了,打住。长征的苦不管它,要突出遵义会议。

楚、张:就是毛主席的那几个关键的作用。

分析:教学中适时引用课外资料,能够帮助学生感受主席的风采。研讨选用资料的角度、内容和出示时机的问题。

案例二:

北京市西城区阜成门外第一小学和展览路第一小学的老师组成了区域跨校研修共同体,以"指导小学生体会文学名著中人物性格的策略"为主题进行了课例研修,选择小学语文人教版五年级下册《"凤辣子"初见林黛玉》一课为研修课例。西城区教育研修学院的刘悦老师负责撰写课例研修报告。在报告中，刘老师依据课堂实录和议课实录，对课堂教学进行了纵向对比，提炼出了每一轮课的问题和变化特征，以表格的方式呈现出来，如下所示：

分类\次数	变化特征	
	主要问题	主要优点
第一轮课	一二课时未成一体，教学安排混在一起，过程处理欠轻重缓急，一问一答策略单一。	
第二轮课	性格特点欠具体，研读问题欠合理。未循学生初识起，生拉硬拽不明戏。"性格"解释较拗口，插在课始欠得体。学习方法未顾及，教学怎求高效益？	开课亮标很重要，随时批注不能少。品读重量又重质，回顾写法做得妙。
第三轮课	开课有些繁杂沉寂，认识性格过于单一，教师语言尚缺乏感染力，教学用时超了十一又一。	分解难点，突破难点，读出深入思考。提出问题，发现变化，读中悟得方法。观看视频，诵读展示，读出性格变化。
第四轮课	深入课堂，行为跟进，怎使研修持续？团队受益，智慧分享，怎让成果落地？	开课亮标，自选语段，读出个性体验。分解难点，突破难点，读出深入思考。提出问题，发现变化，读中悟得方法。词语比较，想象表演，品读文字意蕴。观看视频，诵读展示，读出性格变化。多元评价，以学定教，师生衔接紧密。

指导/总结

一、整理并分解课堂实录和议课实录，捕捉详细信息，进行归纳和分析

整理"议课实录"是将各位教学专家、教研员、有经验的教师、青年教师听课后的感受和建议进行归纳和梳理，内容涉及到教师、学生、教材、教学目标、教学方法等方方面面，肯定优点，提出问题，谈出新思路。

分解"课堂实录"就是将课堂中的连续性事件分割为一个个时间段，将课堂中复杂的情境拆解为一个个教学环节，围绕课例研修主题，对一个个时间段的教学环节放缓、放大，有条理地进行详细分析；分解"议课实录"就是将大家的观点理出条目，排出顺序，去其枝蔓，保留主干，为提炼每一轮课的变化特征打基础。

案例一中，小组成员通过整理和分解"议课实录"，进行归纳和分析，总结出了第一轮课存在的问题特征并提出改进建议：

1. 教师对学生实际情况掌握不足。

2. 教学设计关注点太多，不利于长文精讲。

（1）默读思考题涉及的范围太广，批画要求难度过大。

（2）在教学中，要整合课文中场面描写的相关内容。

（3）要选用典型的课外资料，适时出示，辅助学生感受毛主席的风采。

小组成员决定改进教学设计，继续进行第二轮的课堂教学实践。

二、梳理课堂实录和议课实录，提炼出实质，概括出特征

小组成员是根据研修主题体现的情况议课的，内容很丰富。有的是提出问题和解决的对策，有的是善意鼓励，有的又迸发出新想法。大到教育理念，小到教师的语速、举手投足，"议"无巨细，都被文字记录下来。小组成员在整理议课实录时会发现：教师的观点都淹没在大段大段的话语描述之中，要想提炼出课的实质特征，必须要像剥笋一样，去其表面，取其精华，用简洁的语言表述，以便授课教师一目了然，汲取新理念，改变旧做法。

案例二就是一个典型的实例。在撰写研究报告之前，刘悦老师并没有急于动笔，而是通过再次深入细致地研读四轮课的课堂实录和议课实录，从优点和问题两方面，以合辙押韵的句子，提炼出了每一轮课的特征，以便研修报告中作为论据得以呈现。

小组成员用真实可靠的"记录"为课例研修提供了论据、证据和数据的支撑，整理"实录"，实际上是对每一次的课堂教学全程记录材料进行再分析的过程，这过程充满了智慧。

建议/关键点

1. 议课实录的科学性和准确性直接关系到后面的研究方向和进程。

议课实录实际上是教师们在研讨时所说的话，有的是长篇大论，有的是只言片语，有的话没说完，大家已经能够意会，有的话很长，但观点并不太鲜明……因此在整理议课实录时，要注意语言衔接的问

题，力求在语言的逻辑性和知识结构的科学性上更加严谨，表述更加清晰准确。

2. 每一轮课的特征能体现出课例研修的进程和发展。在提炼和概括时，注意语言表达要简洁，观点要鲜明。

思考与行动

1. 请在实施"三轮两反思"之后，针对学生设计一份调查问卷或后测试卷，并根据统计出的相关信息进行合理分析。小组成员共同研讨：围绕主题开展课例研修有哪些成功之处？又发现了什么问题？对下一步的课例研修有何想法或规划？

2. 请在"三轮两反思"的过程中，整理出每轮课后的议课实录。小组成员共同研讨：根据议课实录，怎样改进下一轮的课堂教学？

3. 请在实施"三轮两反思"之后，依据"课堂实录"和"议课实录"，对三轮课进行对比分析。小组成员共同研讨：三轮课各有什么特征？并以简练的语言进行描述。

策略六

成果整理：
可转化为教学指导的宝贵资源

（一）整理过程性成果

解读/认知

在有效推进课例研修的过程中，课例研修小组的老师们以突出课例研修主题为根本，以体现教师行为跟进和能力建设的策略为主线，把原行为和新行为进行比较，把"做"的"写"出来，形成课例研修的过程性成果。

过程性成果有能展示教师行为跟进的教学设计、课堂实录（文字和光盘）、议课实录（文字和光盘）、反思札记、随笔、自制教学课件、教学资源光盘等。由于课例研修小组成员分工不同，过程性成果一般是在集体参与研究后，由个人负责完成，内容具有单一性和纪实性。

对过程性成果不断进行整理的过程，是课例研修成员不断进行认识、构建、形成新认识、新思路的过程。

案例/方法

过程性成果是终结性成果的基础，应注意保存它的原始性和真实性。我们从文献综述、教学行为跟进对比表和反思札记的撰写分别举例。

一、文献综述

案例一：

选自北京师范大学亚太实验学校任敏老师对"在突破低年段童话教学重难点的过程中，教师有效反馈的研究"这一研修主题进行的文献综述（以表格呈现）。

1. 文献综述的引言

研修主题		在突破低年段童话教学重难点的过程中，教师有效反馈的研究 ——以北师大版二年级上册《上天的蚂蚁》为例	
对关键词界定		对关键词的综述	结合课例和学情 对关键词的评价
1.童话	内涵	童话是儿童文学的一种体裁，通过丰富的想象、幻想和夸张来编写适合儿童欣赏的故事。（摘自《现代汉语词典》）	1. 根据低年级学生的思维特点，童话作品在小学语文低段教材中占的比例约为80%—90%。《上天的蚂蚁》就是其中一篇。
	特征	幻想是童话最基本的特征。 表现手法主要有夸张、拟人、象征三种。	
	价值	童话是一种美妙、神奇、幻想的虚构故事，它借助奇特的想象摆脱时空的束缚，将平凡的真实世界幻化为美丽的、超现实的境界，为儿童带来无限的惊喜和愉悦，满足了儿童的好奇心。而且，童话是融诗性、游戏性、幻想性为一体的文学样式，其本体功能是让儿童得到审美愉悦及情感熏陶。"（摘自《小学语文童话教学研究》）	**4. 文献综述的附录**

续表

2. 教学 重难点	教学 重点	学生必须掌握的基础知识与基本技能，是基本概念、基本规律及由内容所反映的思想方法，也可以称之为学科教学的核心知识。	调查表明，48%的教师喜欢读童话故事，但是在童话教学时，不能准确把握童话文体特点，不够清楚低年级儿童学习童话的心理特点。组织备课时要引导语文教师了解《上天的蚂蚁》文本特点，制定符合学情的教学目标。
	教学 难点	学生不易理解的知识或不易掌握的技能技巧。难点不一定是重点，也有些内容既是难点又是重点。难点有时又要根据学生的实际水平来定，同样一个问题在不同班级里不同学生中，就不一定都是难点。	
3. 教学 反馈	教学 反馈	课堂教学中双向或多向信息的交流。教师要了解学生的信息；学生要了解教师指导的信息；存在差异的学生与学生之间传递着互助的信息。教师了解了学生学习信息后，及时做出调控，针对学生的学习表现同学习目标之间的差距，给出有效信息，对学生的学习作必要的补习、指导和矫正。学生利用这些信息能够确认、增加、转变，甚至重构自己的知识，有效地反馈能够帮助学生缩小差距、达到学习目标。	86.7%的教师在课堂中进行反馈时评价语过于模糊，48.4%的教师常进行集体反馈，不能激起学生的学习兴趣，难以发挥对学生个性化的有效指导作用。我们借助对《上天的蚂蚁》的研究希望： 1. 突破本课教学重难点； 2. 探索教师采取的反馈的类型、特点及作用； 3. 让每一位学生大胆地进行想象，扩大自己的思维活动范围，在快乐中走进童话、学习童话，并且热爱阅读童话。
	教学 有效 反馈	针对学生表现同教学目标之间的差距，教师给出有效信息，学生利用这些信息能够确认、增加、转变，甚至重构自己的知识。有效的反馈能够帮助学生缩小差距、达到学习目标。由此可见，反馈不仅需要帮助学生纠正错误概念、强化已有的信念或知识，更需要帮助学生不断进行知识的拓展与建构。	

2. 文献综述的正文　　　3. 文献综述的结论

二、教学行为跟进对比表

课例研修倡导"三课两反思"的基本模式，小组成员用简明语言提炼每一阶段教师教学行为的变化，有助于课例研修在"质"上的提高。因此，小结并撰写教师教学行为的跟进对比表是重要的过程性成果。

案例二：

选自刘悦老师撰写的"指导小学生感受文学名著中人物性格的策略"一文中"教师教学行为跟进对比表"。

教学流程和指导策略	
第一次	
流 程	**指导的策略**
一、回顾导入。	让学生根据初读谈王熙凤留给自己的印象。
二、人物性格细品。 （一）自学 （二）交流 1. 第一、二自然段 2. 第三自然段 （三）人物形象入心	1. 默读课文，结合课外资料思考：你对王熙凤有什么新的认识。 2. 抓住课文中人物的外貌、语言、动作、神态，画批写感受。 3. 按行文顺序逐一学习。 4. 播放视频　　　　　5. 诵读展示
第二次	
流 程	**指导的策略**
一、回顾导入。	1. 教师概括学生对王熙凤的印象。 2. 明确细读目标。　　3. 明确什么是性格
二、自主学习，交流反馈。 （一）外貌 （二）语言	1. 默读标画的语句，结合课外资料思考：能感受到王熙凤怎样的性格？ 2. 写批注后交流。　　3. 填空印证结论。 4. 读中发现、比较、想象和品味。
三、积累总结。	1. 诵读展示　　　　　2. 观看视频 3. 整体笼统回顾描写人物的方法

第三次	
流　程	指导的策略
一、回顾导入。	1. 学生自由选择语段朗读展示，简单概括对王熙凤的印象。 2. 明确细读目标。
二、集体学习。 （一）外貌（服饰部分）	1. 从学生认为难读的部分入手深入研读。 2. 读出新思考，补充批注。 3. 与红学家的评论进行比较 4. 小结学习步骤和方法
三、自主学习，交流反馈。 （一）外貌（容貌部分） （二）语言	1. 运用小结后的学习步骤和方法，感受王熙凤的性格特点。 2. 展示补充后的批注。 3. 读中提出问题、发现变化，读中比较、想象、表演和品味。 4. 小结学习方法
四、积累总结	1. 观看视频　　　　2. 诵读展示 3. 小结学习方法

三、反思札记

案例三：

选自北京市西城区阜成门外第一小学尹靓楠老师撰写的《"凤辣子"初见林黛玉》教学反思。

6月20日，我第四次执教了小学语文五年级下册第七组课文《人物描写一组》中的《"凤辣子"初见林黛玉》片断。此次做课，是在"春风化雨"学习班这个大平台上，到展览路一小，用尹红老师的班授课。

本次课力图纠正第三次课上的两个主要问题，一是教师语言的抑扬顿挫、轻重缓急，二是学生交流时的逻辑性顺序问题。

针对第一个问题的解决，我在第四次授课前做了一些工作。首先是观看了教研室刘悦老师为我提供的几位南方优秀青年教师的授课录像，认真倾听，认真揣摩，感受他们在授课时的语调、语态。同时，自己作为一个倾听者，在老师说到什么话的时候，特别有感触，听到什么的时候又产生联想？这些，都是我自己在看课过程中的内心活动。我一会儿是学生，一会儿是看课老师，思维总在跳跃。这样看了三节课下来，我收获的不仅仅是老师们传授的知识，更深刻地感受到了这些优秀教师们的"传授之道"。

指导/总结

对于反思、设计的阶段成果不断进行整理的过程，是课例研修成员不断进行认识、构建、形成新认识、新思路的过程。反思与设计相互作用，不断相互促进和提升。

一、明确进行文献综述的意义，自觉做好研修前期的案头准备工作

在制定课例研修方案阶段，进行文献综述的意义是要全面客观地说明所确定的研修主题在当前的研究状况及存在的问题。通过对有关资料文献的综述，不断找寻自己再研究此类问题的切入点、突破口或新意之处，进而筛选出与本次研修主题直接相关、最有价值的内容，在综述基础上，表明自己对这种状况及问题的看法。

案例一以表格形式呈现了文献综述的框架结构。小组成员首先根据研修活动的主题，确定几个关键词，以关键词为基础，进行单一关键词检索和组合关键词检索；其次，整理检索得到的文献资料，要登记文章题目、作者、出处，摘录文章中的语段，根据所摘录文章语段的内容概括一个小标题，以便分类整理；再次，将小标题相同或相近的文章语段进行归类整理；最后，起草文献综述。

文献综述的格式分为四部分。1. 文献综述的引言——包括撰写文献综述的原因、意义、文献的范围、正文的标题及基本内容提要。2. 文献综述的正文——是文献综述的主要内容，包括主题的研究历史、现状、基本内容、研究方法分析，已解决和尚存的问题，阐述对当前主题研究的影响及发展趋势。3. 文献综述的结论——概括指出自己对该课题的研究意见，存在的不同意见和有待解决的问题等。4. 文献综述的附录——列出参考文献，说明文献综述所依据的资料，增加综述的可信度，便于读者进一步检索。

二、有效反思应体现在小组成员间的多角度及时反思上

所谓多角度及时反思，一是指课例研修成员承担不同的任务且身份多样，那么，就应立足于自身的观察角度，对各个阶段的研究如文献综述、教学设计、会议记录、随笔及研修报告等进行反思，养成良好的思维品质，积累研究和组织研究的方式方法。二是在课例研修过程中，每做完一轮课，在一两天内大家及时从各自的角度进行整理，避免时间长了自己回忆起来有困难，无法准确表述当时的情景及感受。

多角度及时反思形式有集体反思和个人反思。

集体反思应围绕研修主题进行，聚焦课堂的关键事件，反复叩问和解读课堂中的关键事件，产生思维碰撞，加深对问题的解读。主持者应该围绕关键事件组织讨论，让每位成员都有发言的机会。记录

的方式有录像、录音、笔录，记录要求完整、原始。案例二"教师教学行为跟进对比表"呈现的是研修小组负责人根据执教者三次教学流程和指导策略的变化情况，对教学行为的跟进一览无遗，便于小组研修时纵向看发展，横向看变化。

个人反思及建议要有的放矢，指向明确。案例三在《"凤辣子"初见林黛玉》教学反思中，教师明确指出本次课力图纠正第三次课上的两个主要问题——"一是教师语言的抑扬顿挫、轻重缓急，二是学生交流时的逻辑性顺序问题。"接着，教师围绕这两个问题进行了反思。因此，个人有效反思不可泛泛而谈，要描述观察到的现象并进行解释，发现问题并进行剖析、提出改进措施。

建议/关键点

1. 文献综述分阶段进行，贯穿始终。

对文献的研究可以贯穿课例研修的全过程。前期方案阶段，通过文献综述研究可以帮助我们选择有价值的研究主题，确定合适的课堂观察要点，并制定可行的课例研修方案；研修改进阶段，文献研究有助于我们对课例的分析、解释和指导；后期结题阶段，文献研究可以帮助我们进一步提升对研修主题的理解和认识，进一步提炼观点，总结升华，为写课例研修报告奠定基础。

2. 教学行为跟进要明确改进的阶段目标。在"三课两反思"的阶段成果整理的过程中，参与者共同讨论并明确下一阶段要实现的目标是非常重要的，以便在限定的时间内实现，这是将教学理念落实为教学行为的保证。

策略六

成果整理：
可转化为教学指导的宝贵资源

（二）总结终结性成果

解读/认知

　　终结性成果是相对过程性成果的综合和提升，是组员们一起利用、提炼和加工过程性成果，经过理论学习，站在一个更高的平台上，俯视研修历程，再依据研修主题重新构建自己的认识撰写而成的综合性的、理论指导下的实践研修成果。这些成果不但是集体智慧的结晶，也是帮助和指导其他教师更新理念，提升教研质量，改善常态教学，以便去开展新事件、获取新经验的宝贵资源。

　　终结性成果包括自主研发的课例研修报告、视频案例、教育叙事、与课例相关的学生优秀作品、教学资源网站和教师个人博客等。

案例/方法

一、撰写课例研修报告

1.课例研修报告的基本框架。

基本框架	各部分内容	呈现目的
一、 背景	1. 为什么选择该课例研修主题？ 2. 为什么选择该课例为研修载体？ 3. 关于该研修主题或者该课，他人已经做了哪些研究？ 4. 本次课例研修想在哪个方面有所改进或突破？	呈现此课例研修的价值和意义。
二、 过程与方法	1. 研修过程中人员分工和日程安排是怎样的？ 2. 研修内容或分解的子问题是什么？ 3. 采用了哪些方法？	呈现此课例研修采用的方法、具体的操作及其目的。
三、 结果	1. 研修结果划分为哪几个阶段？ 2. 每阶段在授课、改进和反思上的特点是什么？存在哪些问题？	围绕课例研修主题，遵循研修事实，有重点、有层次地展现分析过程性研修成果。
四、 分析与讨论	1. 通过该课例获得了哪些新认识或操作？ 2. 可以通过哪些理论来解释或进一步支持课例研修的结论？	突出课例研修主题，运用恰当理论，有层次、有深度地解释研修结果。
五、 改进与建议	1. 存在哪些问题？ 2. 可以怎样改进？	实事求是阐述后续研究的价值。
六、 参考文献		

2. 将课例研修报告集结成册。

图为2009和2011两期西城区小学语文带薪脱产班学员分别撰写的《课例研修报告集》

　　课例研修报告是最具典型意义的、以文字形式呈现的课例研修成果。课例研修报告集是课例研修团队集体智慧的凝聚，汇集着每一位研修成员的研修过程、具有一定高度的提炼和反思。

二、撰写教育叙事

　　教育叙事是含有问题或疑难情境在内的事件，事件必须包括问题在内，并且可能包含解决这些问题的方法。它是对教育教学过程中一个实际情境的叙述描写，是对故事产生、发展历程的描述，是对事物现象动态的把握。

　　案例选自北京市西城区四根柏小学周艳青老师撰写的《都是"主题"惹的祸》。

　　课例内容是做课老师定下的，作为研究伙伴的我反复地琢磨这篇课文，寻找值得研究的地方。这时，课后的一道练习题引起了我的关注。这道题要求学生"读一读下面的字，再口头组词。"我想：教材编排的意图是考查学生"会认字"是否认识，同时考查"会认字"组词运用的情况。

　　在我的印象中，平时老师们对"会认字"不够重视，课上读准字音即可，是不讲字义的。为了印证这点，我整理了7节一年级语文课的识字环节，发现了一个特点，当前识字环节有一种模式化的趋向：初读课文后，教师先用课件出示标注着拼音的生词，指一至两名学生领读或齐读，然后去掉生字上的拼音，只留生词，再让学生用多种形式读。最后去掉熟字，只保留生字，依旧让学生用多种形式读。至此，课堂识字教学环节告一段落。我认为在识字教学中，教师只解决了字音的问题，而字义的教学却是空白。长此下去，我们就不能再埋怨孩子们组词时，同音字混淆现象严重了。抓住这个研究点，我赶快去查文献资料，结合着教材、学情，有了很多思考……

那天，我在自己的教育随笔中这样写道："作为老师，从来没有这样过，今天的我居然是那样地期盼着学生出错，简直太荒唐了！学生全对，是不是自己以前的设想就全错了呢？我想不是的。随着研究的不断深入，特别是进入到实际操作环节，有时会发现主题所关注的内容，在课堂中体现得并不突出，而课堂中突出反映的问题，并不是主题所关注的。主题是死的，人是活的呀，及时调整是上策。"写到这，我终于释怀了。

指导/总结

一、撰写课例研修报告必做的准备

1. 根据课例研修的主题，充分依靠、利用过程性成果。课例研修小组成员应该一起重新审读体现执教者行为跟进的几次教学设计

课例研修小组负责人在一起讨论课例研修报告的提纲

和本人反思，重点研读体现小组成员理念、做法等逐步变化的记录研修全程的纪实文字——课堂实录和议课实录，有选择地浏览组员个人整理的闪动灵动思维火花的反思札记等。在回读当初课例方案的基础上，根据课例研修主题，条分缕析地明确撰写报告

的角度、层次和所选的实践素
材等。这是尊重研修事实的态
度和做法。

2. 根据课例研修主题，适
当筛选过程性成果。组员要一
起依据研修中的每个阶段在授
课、改进和反思上的特点、存

西城区小学语文课例研修课程顾问张铁道、西城区教育研修学院原院长齐渝华倾听学员们的汇报

在的问题等，来适当筛选过程
性成果的记录。这是理智地看待研修、冷静地分析研修的做法，也是
慢慢从现象探寻本质的认识过程。

3. 根据课例研修主题，合理提炼过程性成果。根据课例研修主
题合理提炼研修过程性成果的过程，是写课例研修报告的最关键的一
个环节。这项任务应由执笔撰写研修报告的教师认真、细致地做。从
哪些角度提炼，怎样表述才能够抓住此项课例研修的本质与核心等，
需要认真反复思考、撰写和修改。

二、教育叙事是课例研修整体过程真实、生动的纪实

教育叙事为教师提供了一个记录自己课例研修经历的机会。教师
将自己课例研修中遇到的一些事例，通过教育叙事的形式再现出来，
在一定程度上是对自己职业生涯中一些情感上的困惑、思索、忧虑、
喜悦等心路历程的真实的记录。

教育叙事为课例研修成员之间的交流与分享提供了一种有效的
形式。它反映组员的研修经历，通过个人反思，组员分析与交流，可

以使组员之间相互了解，共同面对教育教学中的问题和困境，共享成功的喜悦，可以将个人缄默的知识显现化，把个人意会的知识、价值、态度，提升到共同的认识层面，形成一种新的研修文化。

建议/关键点

1. 科学、严谨的治学态度。终结性成果是对课例研修过程的整体进行再分析、提炼、建构，从而形成多种课例研修成果。这些课例研修成果可以包含研究者独特的看法、创新的见解、真实的故事、对教育的理解和感悟、文本及视频资料集等。无论哪一类课例研修成果，都要运用可靠的事实和数据进行严密的论证，阐述时实事求是。只有这样，才能反映客观规律，提高课例研修成果的可信度。

2. 教育叙事所记录的故事一定要包括教师在行动研究过程中的思考、解决问题所采用的方法及疑难问题解决的程度。作为课例研修成果的案例，必须是以改进行动为目标的。教育叙事一般用第一人称来写。运用第一人称来写，容易阐述自己的真实感受，从而可能感染读者。

策略六

成果整理：
可转化为教学指导的宝贵资源

（三）把成果转化为小学语文学科教学指导意见

解读/认知

　　课例研修的过程性成果和终结性成果虽然仅是一个个研修团队智慧的结晶，但它们来自一线教学实践，具有真实性和科学性，能够成为广大小学语文教师学习、借鉴的经验和范例。

　　如果想更好地发挥课例研修成果的辐射作用，就需要把它们转化为能够指导众多教师"学中做"的指南或能力发展的"脚手架"。因此，要考虑在文章的结构、语言的表述上，易于读者接受，具有指导操作的作用。

案例/方法

　　西城区小学语文学科骨干教师在2009年和2011年，分别将课例研修成果做了纸质和电子书两种媒介的转化工作，一本是利于了解和掌握课例研修方法的通识读本——《小学语文课例研修手册使用指南》

"口袋书",另一本是以语文能力培养为主线,以语文课堂教学中"关键事件"为内容的、能够激发广大小学语文教师再创造的主题研修电子读本——《这样反馈才有效》电子书。

一、"口袋书"——《小学语文课例研修手册使用指南》

这本手册是北京市西城区教育研修学院特级教师刘悦老师和小学语文研修员金梅老师,带领21所学校骨干教师,在课例研修后期,分工合作、研制出来的。我们选取了其中第10项作为案例。

班额少的学校如何开展"三课两反思"?

【概述】

"三课两反思"是课例研究的一种模式,常用的方式是一位或多位教师就同一课题上三轮课。班额少的学校在开展"三课两反思"时,一种情况是通过拆分和借用学生来完成研究,另一种情况是通过对其模式进行适当调整来完成研究。

【举例及解析】

例1:在学生数量允许的情况下,可以把同年级学生进行拆分重组(拆分后每组学生最好不少于15人),也可以跨年级借班,还可以借他校学生来进行研究，保持模式不变会使跟进的效果体现得更为突出。

例2：在无法拆分学生的情况下，把第一轮课变为集体研究教材，进行说课、议课，共同确定研究主题的活动。这种形式可以帮助老师熟悉教材，明确研究主题，更好地进行实践研究。

例3：在无法拆分学生的情况下，把第一轮课变为"实践式的研讨"，即做课老师授课，其余老师扮演学生，发现问题随时停课进行讨论。这种形式既保留了例2形式的优点，又实现了对老师的前测和对学情的判断。

事实上，课例研究最主要的因素不在于课的数量，而在于课例要能集中突出研究主题，并且能够聚焦课堂关键事件。

【提示】

1. 在拆分重组学生时，我们可以从男女性别、学习程度差异的角度来考虑，还可以从学生的原有知识水平、学习风格、兴趣爱好、学习习惯等方面来考虑。总之，要尽量做到使每轮课的学生水平大体一致，以保证数据的准确性和科学性。

2. 根据研究主题的需要，在选择多位教师做课时，有时还要考虑几位教师的教学经验水平、教学风格，及其与学生熟悉程度等因素是否相当，要尽量保持在同一状态下进行研究。

二、电子书——《这样反馈才有效》

《这样反馈才有效》这本电子书是北京市西城区教师研修学院特级教师刘悦老师和小学语文研修员金梅老师，带领14所学校骨干教师，应用国际先进理念和实践经验，以引导基层小学语文教师开展有效教学反馈为主题，在实践和研究过程中完成的独特成果（详见书附赠光盘）。

1. 本书的整体结构。

《这样反馈才有效》这本电子书是由寄语、主编、前言、有效反馈的概念、教学中有效反馈的策略、说明与思考、"这样反馈才有效大事记"、后记这八部分构成。

2. 寄语、主编部分。

顾问是北京广播电视大学副校长张铁道，他对本书的意义、特点及期待做以诠释；主编是本书编辑的首脑，由特级教师刘悦老师、小学语文研修员金梅老师和北师大亚太实验学校任敏主任担任，他们对本书编辑工作全面负责，进行总体构思和规划，按照工作进程进行审定并提出修改意见。在本页的制作过程中，配以动画效果，使人耳目一新。

3. 前言、目录部分。

前言，在本书中起画龙点睛的作用。

在德国柏林图书馆的大门上刻着这样一句话："这里是人类知识的宝库，如果你掌握它的钥匙的话，那么全部知识都是你的。"目录就是一把开启知识宝库的钥匙，是初读者阅读本书的路径，可以让读者明确本书的结构、章节、整体内容等。而电子书的目录还有第二个好处，那就是快捷，只要我们将鼠标放在目录中的任何一个标题上，轻轻一点，就可以直接到达这部分内容。

4. 第一部分"有效反馈的概念"。

第一部分是概念界定，是对"有效反馈"这个概念进行划分定义范围。本书中所用的"有效反馈"概念，指的是"课堂教学中双向或者多向信息的有效交流"。进行概念界定，能够使读者进一步明确本书所展示的研究主题，从而进行深入阅读。

5. 第二部分"教学中的有效反馈策略"。

第二部分按照"识字、写字教学"、"词语教学"、"句子教学"、"段落教学"、"篇章教学"、"朗读教学"、"默读教学"七个版块构成。每个版块由"教学中的问题"、"教学反馈过程"、"具体反馈过程"、"反馈过程评析"、"你还可以这样做"五个栏目组成。每个栏目配以图标作为本栏目标志，使栏目的内容更为清楚，增添了电子书的生动性、直观性。

6. 第三部分"说明与思考"。

第三部分"说明与思考"是将本书的主题、研修过程及制作过程进行更深层次的说明。当读者阅读这里时，是思想的进一步碰撞与思考。在编写说明与思考时，要对整本书的编写过程进行总结概括，并对自己在编写过程中遇到的问题进行说明，从而激发阅读者进行更加深入的研究。

7. 参考文献、大事记、参与编写人员。

参考文献更加体现本书的科学性与严谨性；"大事记"则能使读者明晰本书研究、整理、制作的过程，更加说明本书的原创性；"参与编写人员"体现了对于所有参与人员著作权的尊重。

指导/总结

从上述案例中，我们看到把课例研修的成果转化为指导小学语文教学的读本重在实用、直观、简便。具体体现在：

一、《小学语文课例研修手册使用指南》"小"而"实"

1. 外观小而实。

《小学语文课例研修手册使用指南》这本手册长18厘米、宽13厘米、共51页，和成人的"巴掌"差不多大，老师们称之为"口袋书"，便于大家携带翻阅和请教解疑。

2. 关注的问题小而实。

这本手册以课例研修"策划与准备"、"实施与反思"、"梳理与提升"三个阶段的推进为主线，提出了在课例研修中常遇到的19个问题，并通过案例进行解答和说明。问题的解答更详实。每个问题由"概述"、"举例及解析"、"提示"三部分组成，特别是"举例及解析"把在实际研修中遇到的真问题分门别类地进行归纳及解答，力求让再做课例研修的教师清晰明白，少走弯路。

二、电子书《这样反馈才有效》"专业"而"系统"

1. 电子书的制作专业。

电子书的制作工具是电脑软件，电子书的格式有很多种，主要包括：EXE文件格式、CHM文件格式、HLP文件格式、PDF文件格式、LIT文件格式、WDL文件格式等。其中某些格式要用特定的软件才能打开和阅读。

制作电子书的材料可以是txt文本，html网页，doc文档或者图片，flash等。要做出比较精美的电子书，必须具备一定的网页制作知识和图像处理技术。我们的骨干教师经过一天的专项培训，再反复练习，就可以用eBook workshop、eBook Pack Express等专业电子书制作软件制作出专业精美的电子书了。

2. 电子书编排得很系统。

《这样反馈才有效》电子书在内容和结构的编排上有三个显著特点。第一，按照小学语文教材内容涉及的字、词、句、段落、篇章、朗读、默读、说明与思考等课程标准为主线，紧扣教学重点和难点选取内容，十分切合小学语文教师的教学实际。第二，编写者按照真实问题、教学实例、教学图片、教学分析和拓展建议为体例结构，为学习者搭建了提高教学能力的学习路径和改进实践的脚手架。第三，编写者独具匠心地汇集了现场图片、音乐背景和电子版等要素，体现了对读者友好的人文关怀。

建议/关键点

1. 在制定课例研修方案时，就应该想到哪些成果可以转化为学科教学指导意见或读本。学科教学指导意见的形成是终结性成果的精华，它是对于方案执行过程提炼的产物。因此，在制定课例研修方案时，不仅要有时间安排、人员分工等，也要有课例研修成果转化的前瞻性规划。

2. 进行课例研修的成果转化前，应巧于构思。例如，我们在制作电子书之前首先要对整本书的结构体系进行架构，结构体系的架构应该突出研修主题，符合语文学科的特点，尽量做到简明、扼要；其次要对每部分的内容安排进行精心设计，这是更为细致的思考，用"问题"、"过程"、"具体策略"、"评析"作为基本模式,让读者阅读起来更为直观;最后要注意使用电子元素体现电子书的时代性、生动性。

3. 进行课例研修的成果转化时,应聘请经历过课例研修的人员来编写,编写者要站在使用者的角度去思考和表达。

思考与行动

1. 有相当一部分教师在做课例研修前,比较忽视对相关文献的查询、研究和综述,或是"走过场",堆砌文献。请结合本专题的内容和自身实践思考:进行文献综述要经历哪几个阶段?应该注意哪些问题?

2. 在表述课例研修成果、叙述课例研修过程时,不是创作文艺作品,不能用华丽的辞藻,不能采用比喻、夸张等修辞方法,而只能叙述事实,按事实的本意来写。请结合本专题的内容和自身实践思考:课例研修完成后,整理终结性成果,需要用到哪些材料进行证实?

3. 生动、直观的电子书让老师们耳目一新。电子书的制作可以使用不同的电子制作软件,学科教师可以通过培训掌握这种便捷、直观的技能。请结合实践思考:在电子书的制作过程中,材料的选取、整合是教师对自我研修过程的又一次反思和升华,这样的反思和升华对于研修主题的再次认识有哪些帮助?

第三部分

解决"常态化"和"课程化"的问题

策略七

建立团队研修机制，
引领教师专业学习互助成长

（一）课例研修组织者引领和激励教师，
开展富有挑战性的学习与实践，凝聚团队智慧

解读/认知

　　课例研修组织者要具有专业判断力，善于发现学科教学的真问题。组织教师在真实的问题情境中，在明确的研修主题下，进行多样化的真实体验，并从中获得深刻的学习反思，由此发展自身专业能力，增强同伴学习的信心。

解玮、白钰、王媛媛等课例研修的组织者们交流对教材的理解

　　课例研修的组织者要具有多种专业角色，不仅是教师经验的有效学习者，也是教师群体学习过程的设计者、促进者和学习效果的加工者。

　　课例研修的组织者作为专业引领者，是合作伙伴，提供解决问题的建议；是研修员，适时抛出可以思考的问题；是专家，及时做理

论上的梳理和提升。

案例/方法

案例一：

选自西城区三里河第三小学语文学科课例研修小组，在2009年11月进行课例研修中的一次课后会议情况。

西城区课例研修项目的启动，正值学校急需指导和研究实践的关键时期，身为学校教学主管的韩淑芬校长从学校的教学实际出发，很快组建起一个校级强有力的课例研修核心团队，组织并落实课例研修的各项具体工作，指导团队开展课例研修。

当时课例研修小组选取了人教版五年级上册第六组"父母之爱"中的《"精彩极了"和"糟糕透了"》一课作为研究课例，并确定研修主题是：品读课文内容，体会人物情感。

第一轮课上，学生信马由缰，脱离文本，滔滔不绝地发表着自己的看法。此因何在？在第一轮课的课后反思中，韩校长直指问题的要害："你的教学目标中有一条'体会作者由不理解到认识到，但情感上接受不了，最后到深深理解父母对自己的爱，并表达自己对父母的爱。'可课上没有找到对这一问题的设计。""重点理解爸爸当时的态度，一定把爸爸在什么情况下说的，是怎么说的（解决了），学生才能理解。"

韩校长直言激活了组里老师

研修主题 不明确 → 教学重点 不突出 → 品读感悟 内容空泛 → 理解人物 情感表面

们的思维，引发大家共鸣，找到了问题的根源：

看来，都是研修主题不明确惹的祸。课例研修小组成员经历了"实践—思考—再实践"的过程，在韩校长的带领下，重新审视教材，把原课例研修主题修改为"抓住文章内在联系，体会人物内心情感"。经过"三课两反思两改进"，证明修改课例研修主题是非常必要的。

案例二：

韩校长抓住学校语文学科课例研修组的实践契机，积极、深入地把课例研修的方法镶嵌到学校其他学科的研修中。

推进步骤	研修重点	研修内容
第一步	学习尝试	学校学科核心团队成立课例研修小组，并严格按照课例研修的"三阶段两反思"的要求完成实践，课堂观察记录等每一步骤教师都留下资料，并及时记录研究的体会。 全校以各学科教师教研组为单位，以"三阶段两反思"的形式在共磨一节课中共同研究一个问题。
第二步	总结交流	2010年1月，学校学科核心团队——五年级语文组、数学组的老师汇报开展课例研修的情况，全校老师看到了研究的阶段成果，体会到研究带来的乐趣。
第三步	全校推进	2010年4月，学校把课例研修与常规的校本教研结合起来，每学期教研组研究课以课例研修的形式进行，各教研组在认真分析本组教学实际的情况下确定研修主题，以一节课为例在"三阶段两反思"行为跟进。学校教学干部深入各组，参与研究，参与反思和调整，对各组的研修成果进行归纳整理，形成学校学科研修课程资源。

指导/总结

一、课例研修是在组织者的引领下，在实践中完善研修流程，使骨干教师得到提升，为教师专业成长搭建展示的平台

1. 课例研修组织者能够深度参与，并激励教师专业发展。

作为课例研修的组织者，在课例研修中首先是学习者，既要有对课例研修的先期学习、了解，又要制定课例研修计划、方案，熟悉课例研修的各项流程。

案例一中，韩淑芬校长作为课例研修的组织者之一，引领课例研修小组成员对教材的特点、学生学习的难点和学生已有认知基础进行了分析，及时修改了研修主题，使教师对教材的研读理解再次深入，使学生对教材内容之间的联系更加通透，学生自然能够从空泛的内容"品读感悟"到"抓住文章的内在联系，体会人物内心情感"了。

课例研修就是在组织者引领下的教师团队的共同行为，在关注教学问题的发展、研究与解决的同时，实现教师学科专业水平的提高。在常态课例研修中让每一位成员都有机会展示自己，锻炼自己。

2. 课例研修的组织者既可以是领导，也可以是教研组长，甚至还可以是骨干教师。

三里河三小的曹立军作为骨干教师，在课例研修中先是作为学习者，深

西城区三里河三小韩淑芬副校长与语文学科校本课例研修小组的曹立军、张利军、郑祺等老师在研讨

入学习课例研修各要素内容及操作方法，而后作为一个组织者，又在韩校长的带领下，在真实的教学情境中开展了研修实践。在每一次的课例研修中，从准备到呈现再到总结，都要经过反复的研讨打磨，去除"功利""表演"和"示范"等因素，不断完善研修过程。精心地准备，一次次地试讲、观课、议课、总结，使课的质量不断提高，研修水平不断提升，研修流程也日趋完善。

二、课例研修组织者能够把课例研修新方法自然而然地镶嵌到校本教研中，引领教师有效完成具有挑战性的工作

校本教研的最终目的是在学校教学研究活动中，通过课堂观察、反思来解决教师教学实际的问题，提高教师的教学能力。

案例二，组织者通过对原有的校本教研安排进行整合，把五年级教研组的"磨课"形式变为课例研修"三课两反思"的形式，把学校各学科的课题研究与课例研修工作整合，强调课例研修的实效性。促进校本教研更贴近教学实际、学生实际，为学校教研提供了具有实效性的校本教研模式。

建议/关键点

1. 课例研修的组织者不仅要了解教师的教学行为，更要保证学生的学习成效，使学生的学习行为成为课例研修关注点。

观察学生、了解学生、研究学生是提高课堂教学的重要条件。教师往往重视对教材的理解分析，对教学设计的调整，而如何从学生的学习的角度来审视教材、审视课堂、审视我们的教学设计是需要反复强化引导的。

例如上述案例中开始研究的主题是："品读感悟内容，体会人物情感。"当时认为是从学生实际出发了，体会情感就是高年级学生应该学习掌握的。在归因分析时反思到：当初确定主题是从学生学习任务和教学要求出发的，忽略了学生的认知基础。"品读感悟"这样的要求也过于空泛。主题调整后，"抓住文章内在联系，体会人物情感。"这个改动基于对教材特点的把握，更多的是考虑到学生学习理解的难点和学生认知的发展点。

课例研修的组织者引领教师反复实践，不断获得深刻感悟：源于学生需求和发展的教学指导，才是以学定教的真谛。

2. 课例研修的组织者在课例研修中可以演绎多重角色。

课例研修是"同伴研修"。组织者要具有多种专业角色，不仅是教师专业经验的有效学习者，也是教师群体学习过程的设计者、组织者。

来自北礼士路一小的朱丹丹老师在课例研修中，由指导者变成了执教者，那段经历使她深刻认识到："作为课例研修的组织者，不能仅仅关注研究的内容和怎样研究，还要关注参与研究的人员以什么样的心态去做。作为引领者要关注全局，应真正成为这个团队成员的心理疏导者，借助引导的艺术，使团队形成真正的凝聚力。"

建立团队研修机制，
引领教师专业学习互助成长

（二）课例研修能统合各种学习形式，
促进教师专业学习及能力成长的体验

解读/认知

教师的学习形式既包括有意义的接受间接经验，又包括和同伴合作交流为途径的共享学习，还包括教师在行动中采用探究性方式进行的学习。

课例研修就是将经验、理论、实践融于一体，教师通过上述不同形式的学习，自觉主动地思维和行动实践，实现新经验的积累，完善知识结构，增长教学技能，改变心态和教学观念，促进专业能力的持续发展。

案例/方法

案例一：

2009年西城区小学语文带薪脱产班就要进入课例研修的有效学习

阶段。学员们刚刚观看完"北航附中开展以《学生需求 教学改进 教师发展》为主题的课例研修光盘,又贪婪地阅读起西城教育研修学院部分研修员经过实践后编写的《课例研究研修手册》,并写出对手册的理解及修改意见。

之后的"小组议手册"活动,大家你一言我一语交流着"已知",探讨着"未知"。"手册中说主题不要过大、过空,究竟怎样才能确定一个合适的主题呢?""手册中的观察表能否照搬啊?""手册中提到三课两反思,要做三次课,可我们年级才两个班,怎么进行啊?"大家的议论此起彼伏。最后,"全班共议"手册时,问题集中在以下三点:1. 如何确定好课例研究主题? 2. 如何制定有效的课堂观察表? 3. "三课两反思"可否有变式?

恰逢此时,得到专家悉心指导与点拨,原来这三个问题的提出,恰恰说明大家对课例研修的本质把握还不到位。课例研修带有明确的主题,它不同于我们常说的教学研究的专题、课题研修中的课题以及一节课的教学目标;课例研修必须进行课堂观察,观察对象既包含教师也包含学生,既有同于其他教学研究的定性观察,更有围绕主题的定向、定量观察;研究的形式也是多样的,更注重教学行为的深层跟进。

一下子,大家的眼前豁然开朗。此时,是一本小小的《课例研究研修手册》为大家搭设起实践课例研修的路径,是学识广博的专家引领脱产班的学员们用双手轻轻开启了课例研修的大门。

案例二:

2009年西城区小学语文带薪脱产班的学员们就要进行《手册指南》的撰写了。依据分工每位学员对自己感受最深的问题,结合实践经验，进行了整理。之后发现撰写中存在着：1. 篇幅过长；2. 编写格式不统一，缺乏条理和可读性；3. 研究报告这一宝贵资源未能充分利用；4. 部分内容有重叠等问题。

两天过后，召开了《小学语文课例研究报告指南》第二次研讨会，北京教科院张铁道院长，教育学院宣武分院冯老师，研修学院主任及课例研究组的老师们也一起参与到我们的研讨中。会上，张院长提出应该对问题的意义、价值进行解读，举例要精当等修改建议。大家也发现举例与解析内容有重合，干扰表达和阅读这一问题。于是，刘悦老师带领大家重新设置了撰写格式，进一步完善了《手册指南》的撰写，使其更具可读性和指导性。

在短短5天的时间里学员们完成了《手册指南》的撰写与编排工作。

案例三：

选自西城区宏庙小学语文课例研修小组为了使学生感受《白鹅》一课作者幽默风趣的语言风格而进行的讨论情况。

"是啊，作者为什么这么关注鹅的表现？"

"'老爷'分明是人啊，鹅可是动物？"

"'鹅老爷'带引号啊！这分明是鹅的'缺点'啊！"

看来大家已经体会到了这种写法的作用，鹅的"缺点"其实也是作者所要赞美的优点。

三课三反思，将问题直指作家的语言风格——"反语"，交流调整指导方法"1. 介绍'老爷'的称呼。2. 在我们看来挺不好的一个词，为什么用在鹅的身上？3. 感受文章怎样的情感？"

大家将交流话题聚焦在"反语"这一特殊的修辞方法上。明确这种明贬实褒的写法就是反语。作者这样写，既突出了鹅的特点，又表达了自己的喜爱之情。

指导/总结

一、课例研修能够促使教师团队有意识地接受间接经验，学习专业知识

借助课例研修，可以引发更多的老师主动分享、谈论及探讨解决与教学有关的问题。通过这样的交流、探讨，能够形成一个持续的、多元的，并且更健全、更有意义的"实践共同体"，促使教师的教育观念与教学实践更快更好地进步和发展。

案例一中，学员们对一张光盘和一本手册的个人自修、集体讨论以致最后形成共识，这其中最重要的是身份的形成和意义的建构。专家的适时引领，帮助学员解决了亲自煞费苦心地思虑过和体验过，仍然疑惑的问题，明晰了课例研修的特质及核心问题。

专家以深厚的专业功底、前瞻性、创新性和务实性为教师研究的"最近发展区"提供着智力服务。因为专家的观念和具体帮助，让教师努力调动已有的个人经验，让新知识随时嵌入教师原有的专业结构体系，促进了自身知识更新，积极主动地建构着个性化解决问题的框架。

二、课例研修能够促使教师团队在反思实践经验的讨论中，增长专业技能

课例研修使教师不断积累教学实践经验，使教师在思辩中想得更深，教得更透。

案例二中，小学语文脱产班的学员们编写《小学语文课例研究手册指南》就是把自己想的做出来了，把做的写出来了，把写的经过"回头看"梳理出来了，把梳理出来的沉淀下来，将要辐射出去了。这是把实践性资源转化为文本资源，把文本资源系列化再转化为课程资源的过程。

正如张铁道院长所说："教师继续教育和研修活动必须以提高教师群体的教学质量、增强他们的能力为目标，在具有问题解决过程的'体验式学习'中，围绕特定主题、相互分享资源、相互启发生成新的专业资源，从而实现教师个体实践经验的策略化和知识化，实现群体智慧文本化，进而成为课程化资源的过程。"（张铁道的《多元互动同伴研修》P2-3）

三、课例研修能够促使教师团队在解决真实问题的探究中，提升专业能力

"三课两反思"使教师加强对教学过程、自身教学行为的反思。通过对教学实践深入的理性思考，不断总结经验，创新理念，提升专业素养。

在案例三中，教师捕捉教学中的有效问题，将自己对"反语"这一特殊修辞方法的理解迁移至教学中，将自己的感悟传递给学生。"三课两反思"后，课例研修小组从课堂的反馈效果着手，审视自己的

研修员王爱军老师与西师附小的研修团队研究《白杨》

教学环节，更关注具体语境中适时引导学生感受"反语"的表达效果，关注作家风趣幽默的语言风格，深入了理性思考，拓展了感性理解的思路。教师在帮助学生构建文字与文章内容的联系的同时，加深对文本的感悟。

在课例研修的过程中，教师学中做，做中学，不断地调整自己的教学行为，适应学生学习行为的需要，完善并提高自身的教学素质。

建议/关键点

1. 教师要善于自觉学习，在自己的课堂中敏锐发现课堂教学中存在的问题，提高解决问题的能力，提升课堂教学效益。

2. 教师要积极参与讨论，尤其是对关键教学事件展开教学研讨，增长学科教学知识，改善自我知识结构，把先进的教育教学理念作用于教学行为，提高交流与表达的能力。

3. 教师要在课例研修的全过程，加强对学生的关注。

备课时，教师要根据学情进行教学设计，在完成教学设计中不仅有教学流程及主要活动，而且还有"预期的学生反应"及"教师对学生课堂反应的应对措施及注意事项"。议课时，主要讨论学生学到了什么，学习过程中的成功之处和失败之处有哪些，实现传统课堂教学评价中"以教为主"向课例研修中"以学论教"的转变。

策略七

建立团队研修机制，
引领教师专业学习互助成长

（三）课例研修崇尚教师同伴互为资源，
"学中做"，"做中学"

解读/认知

每一位教师都是具有知识、能力、经验的成人学习者，在课例研修中，小组成员不仅自己的经验能够得到尊重和认可，而且还能够从同伴那里获得新的经验，这就是我们崇尚的一种新的资源观：教师同伴互为资源。教师的专业学习形式表现为：在解决具体教育教学问题过程中的体验式学习。小组成员在教学行为不断跟进中遇到的问题，经过学习相关理论后提出了改进策略，又在随后的新行为过程中获得的经验，才是历久弥新的真经验。这就是我们遵循的一条获取真知的途径——学中做，做中学。

案例/方法

案例一：

2009年北京市带薪脱产骨干班西城区复兴门外一小李京然老师

在回忆自己在准备《我们议〈课例研修手册〉报告》时的纠结心理，她说："当刘老师为我们讲述了课例研修的重要性，让我们自己主动承担撰写报告，到西城区教育研修学院大会上宣读的时候，我非常想举手承担这项工作，我愿意将它作为挑战自己、锻炼自己的机会。

但是，转念一想，觉得自己会不会太不谦虚，太自不量力了。再说这么重要的一件事，必须全力以赴完成。我的孩子还小，只有九个月，万一在这期间有个头疼脑热的，我的精力受到限制，半途而废怎么办？刘老师用期待的眼神望着我们，等待着……我看到刘老师的眼光轻轻地落在我身上，然后又转向全班同学，缓缓地说：'对于京然，我必须要说一句，她的孩子还很小……很小……'刘老师的话像一股暖流，流进了我的心里，让我充满了力量。经过一段时间的努力，我们顺利完成了任务，发言也很成功，受到了与会专家、领导的好评。走下台来，我心潮起伏：从接受任务到完成任务，一共14天的时间。虽然时间不长，但是对我而言却意义重大。经过这样一番自我挑战的历练，我成长了，我品尝到了与同伴共同努力，共享成功的喜悦，我感受到在工作上精益求精产生的自信。"

李京然和韩亦恂代表骨干班学员在西城区教育研修学院大会上发言

案例二：

选自阜成门外第一小学和展览路第一小学的老师们组成的小学语文课例研修小组在第四次教学后的一段议课实录。伏惠策老师是阜成门外第一小学的语文教师，她在议课时说："今天我看了一下表，用时大概是45分钟，比第二次教学用时1小时零4分钟和第三次教学用时52分钟的时间明显缩短了。改变在哪里呢？我分析改变在三处王熙凤说的语言上，那她在前几次讲这三句话时，讲完一处出示一段话，这一次是学生说完三处之后直接出示在屏幕上，并且把描写王熙凤善变的神态——转喜为悲、转悲为喜，出示在这段话的左半部，通过与学生的接读，使学生容易发现王熙凤的性格变化不同之处，缩短了教学时间，又让学生把内容进行了整合。从教学时间的缩短，能看出教师不断钻研教材，进行合理的优化组合。"

尹靓楠老师是年轻的执教教师，她在课后反思中写道："在四次课例研究中，真实地记载了我的成长历程，形成了一个由少到多，复由多到少，由复杂到有序，由匆忙到从容，由关注教案到关注学生的过程。其中最重要的一点也就在这由关注教案到关注学生的转变。这里面首先是我的教学观念的转变，然后带来整体教学设计思路的改变，继而延伸到实际课堂教学中关注点的变化。"

指导/总结

一、课例研修使骨干教师团队有了从"感性做事"到"理性谋事"的转变

案例一揭示了在团队协作中，借助团队的力量和智慧，实现了教师的个人成长。承担"非做不可"的挑战自我的任务是一种强大的动力，让人能够释放自己的潜能，相信自己"没有什么不可以"，从而更有信心和勇气走好自己的专业成长之路。

展览路一小尹红老师为骨干教师讲座

二、课例研修使骨干教师以开放、包容的心态，共同发展，促进了校际间的合作与交流

案例二揭示了在课例研修中，由于分工合理，每一个环节都会有不同老师们的参与。课例研修的课堂不是一个人的课堂，是大家智慧的结晶。无论是授课教师，还是参与研究的教师，彼此的进步，是更加清晰的、精确的和'量化'的进步，团队中每一个成员都享受着在学习、成长之中的幸福。

三、课例研修使青年教师教学观念得到更新，业务能力得到提高

案例二中，四次执教的尹靓楠老师，是一名新参加工作一年的教师。可以说教学经验、课堂上的应变能力都有限，但在一个多月的几次备课、做课、评课和反思中，她凭借着向专家、向同伴中教学经验丰富的老师们的悉心学习，凭借着自己虚心、踏实、努力、大胆尝试的精神，成长提高得很快。我们从尹老师的成长经历和教学观念的转变，可以看到一个团队给予她的动力。专家高屋建瓴的引领，经验丰富的教师的帮助和指点，大家在课例研修这个平台上共同反思、互

阜成门外一小尹靓楠老师的进步离不开展览路一小张新华校长和阜成门外一小刘铁兰校长领导下的这个跨校研修团队的帮助

相支持、相互学习、共同提高。

建议/关键点

1. 课例研修的过程是教师自我发现，自我成长，自我超越的过程，研究团队中的教师要把这种研究状态变成一种"生活方式"而不只是一次研究经历，努力使自己从经验型教师转变成研究型教师。

2. 每一位教师都是有价值的资源，他们具有在有意为他们搭建的基于教师能力建设的平台上，自觉地开掘自身价值的实践能力。那么在以后的研修活动设计中，也应以新型的"教师观"为设计理念，并贯穿教师专业学习过程之中。

建立团队研修机制，引领教师专业学习互助成长

（四）课例研修营造良好的研修文化，帮助教师团队提高教学质量

解读/认知

课例研修是为团队教师的"发展"而研修，学习型组织和团队的凝聚力就是在和谐、安全、平等的研修氛围中，在大家敞开心扉，相互尊重，实现个人反思、同伴互助和专业引领的有效结合进而不断改进教学的过程中形成。

每一位教师都能在研修团队中坦诚地剖析自己，挖掘自己的潜能。

课例研修引导教师具有学生"视角"，针对学生的真问题，改进教师教学行为，进而帮助学生有效解决问题，实现学习正迁移。实践证明，随着教师一次次的行为跟进，以学生为主体、激发学生学习兴趣、培养学生提出问题、解决问题和学以致用的能力逐步提高，教学质量逐步提升。

案例/方法

案例一：

选自北京市西城区民族团结小学语文学科课例研修小组对课例研修主题"在古诗学习中感悟诗人表达情感方法的研究"的研修过程。

第一轮课堂教学之后，大家共同分析课堂观察表后发现了问题，并在集体商议后提出了具体的改进措施。如下表所示：

问题	改进措施
教师的主导性过强，能否给学生更宽的拓展空间？	1.将曾经学过的张籍的《秋思》带进这一组诗的学习，了解作者是通过叙事表达对亲人和家乡的思念的。
关于意象"霜"，课上有表述不准确的现象。李白诗中的霜，并不是实际意义上的霜，可否主要引导学生了解经典意象"月"？	2.学习第一首诗《静夜思》，紧紧扣住"疑""举""思"，通过三个动词的品味感受作者对家乡的思念之情，并引导学生体会作者是借"月"这个经典意象来表达情感的，并适时总结学法。 3.学习第二首诗《枫桥夜泊》，以诗中最能表达情感的"愁"字展开思绪，引导学生在教师创设的情境中充分想象，感受作者的情感，并适时总结学法。
教师在课上为学生创设联想的情境有三处之多，教法上有些单一，可否改变策略？	根据主题，整节课主要围绕三个问题展开：古诗主要表达了怎样的情感？作者是怎样表达情感的？我们通过怎样的方法感悟到的？

大家明确了研究方向，教学设计有系列了，第二轮课上，执教曹琳老师不但注重引导学生感性地体验情感，更注重学生学法的习得，还给了学生10分钟左右的练笔时间。学生在练笔、交流的过程中对王

维思念家乡亲人的体会达到了小高潮。课后，张晓梅老师由衷表达了自己的感受："教学环节的设计，从理性层面，要一环一环设置到位，但对于学习古诗需要真情的流露，更需要的是感性和顿悟。课上过于注重工具性，人文情感就很容易流失。"吕晓英老师平日对古诗教学研究的机会少，在经过大家共同学习研究之后，第二轮课后有独到的评价：

"上一轮课老师上得随性洒脱，师生徜徉在诗人心里，真情流露。这一轮课，设计上精心了，环环相扣了，研究的意味浓了，情却淡了，教师拘谨了。"曹琳老师在两轮课之后也有顿悟："研究古诗教学，课堂上的关键是教师如何引导学生去悟。悟是学诗过程中的飞跃，它有一个思维过程，起点是思是学，关键是悟。学是有步骤的，逐步积累的心理过程，悟是突发的带有偶然性的心理飞跃。针对不同的学生，理智胜于才气的人，需要开启灵性直觉，感性敏于理智的人，需要加强学习积累。"

研修团队教师共同总结出以下方法，便于学生在今后的古诗学习中更准确地感悟诗人在诗中表达的情感：1.教师引领学生筛选有效资料，在特定的历史背景下感悟诗人的情感。2.把握诗中的经典意象，为学生理解诗人的情感架起桥梁。3.品味、揣摩关键词句，体味诗人情感，与诗人心灵相通。4.创设情境合理联想，走进诗人内心，与诗人情感共鸣。

案例二：

选自《北京市2010年义务教育教学质量分析与评价反馈报告》中西城区2010年度五年级语文学科学业水平测试结果中的部分内容。

表7-1　北京市、西城区总体水平分析表

	测试人数	有效分析人数	平均分	标准差	平均学业水平
北京市	99162	97389	87.8	10.2	良好
西城区	4568	4542	90.2	8.8	良好
差异检验结果	显著				

注：1. 有效人数：测试总人数中减去缺考人数及随班就读人数。2. 平均学业水平：依据学科专家小组为测验所制定的优秀、良好、合格学业水平分数线，对于某学生群体在整卷或各领域的平均得分进行判断，即可得到该学生群体在整卷或各领域的相应学业水平。平均学业水平是体现学生群体达到《课程标准》要求程度的重要指标。

表7-1呈现了西城区语文测试的总体水平。数据显示，西城区五年级语文测试平均分为90.2，显著高于北京市平均水平（87.8），且两者平均学业水平均表现为良好。西城区学生成绩的标准差为8.8，北京市学生成绩的标准差为10.2，表明西城区学生成绩的离散程度略小于北京市的总体水平。

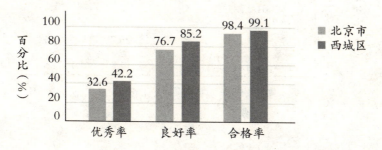

上图呈现了北京市与西城区优秀、良好、合格率的对比和得分率分布情况。数据显示，西城区学生本次语文学业水平测试的合格率

为99.1%，良好率为85.2%，优秀率为42.2%，均高于北京市总体水平，分别高出0.7%、8.5%和9.6%。

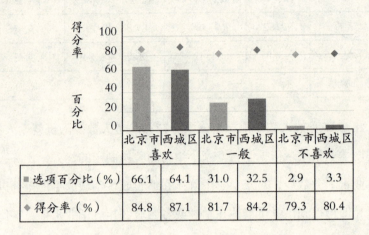

	北京市	西城区	北京市	西城区	北京市	西城区
	喜欢		一般		不喜欢	
■选项百分比（%）	66.1	64.1	31.0	32.5	2.9	3.3
◆得分率（%）	84.8	87.1	81.7	84.2	79.3	80.4

上图描述了学生对语文学习的喜欢程度及与本次测试成绩之间的关系。从图中看出，西城区有64.1%的学生喜欢语文学习；32.5%的学生认为一般；极少数学生（3.3%）不喜欢语文学习。相对而言，学生喜欢语文学习的程度越高，本次测试的得分率越高。

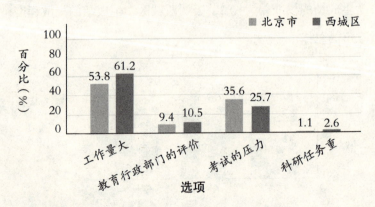

上图描述了教师认为制约自身专业发展最主要原因的情况。从图中看出，西城区有61.2%的教师认为制约自身专业发展最主要原因

是"工作量大"；有25.7%的教师认为是"考试的压力"；有10.5%的教师认为是"教育行政部门的评价"；有少数教师（2.6%）认为是"科研任务重"。

北京实验二小李爱丽老师正与片级协作组老师探讨问题

指导/总结

一、教师在平等、民主的研修文化中，产生归属感、成就感和幸福感

从案例一中可以看出，课例研修不仅是执教教师个人教学技巧的提高，也是小组成员丰富知识的一种手段，更是改善教师专业知识储备的一种途径。教师在研修过程中学会了研究方法，感受到参与研究的乐趣，更重要的是体会到了研究的价值，提高了课堂教学的实效性。大家在困惑中探究、反思、实践，倾注着自己的智慧与心血，感受到参与研究的乐趣与成就感，体会到了研究的价值与幸福，真正成为教育教学和教育研究的主人！

二、从《北京市2010年义务教育教学质量分析与评价反馈报告》的数据，可看出课例研修提高教师研修的实效性和高效能

从对西城区五年级学生成绩统计和调查统计看，西城区有64.1%的学生喜欢语文学习，相对而言，学生喜欢语文学习的程度越高，本次测试的得分率越高。这说明西城区五年级语文教师团队是一支敬业、职业、专业的优秀团队。但是，也有64.9%的教师因为工作量太大，没有精力深入钻研教材。造成这种现象的原因比较复杂，从教研和教师培训的角度看，可能的原因之一是教研工作较多地集中在了部分优秀教师身上；另一原因是教师培训存在一定的重复和低效问题。要想提高教师研修的实效和高效，应该努力做到：一方面扩大研修活动的参与面，给更多的老师参与教学研究活动的机会。采取有力措施，培养新的、更多的教研骨干。另一方面，精选研修活动内容。根据教师对研修的需求提供对教材中典型内容及易形成问题内容的解读和有指导性的鲜活课例，使教师在研修活动中有所收获，提高研修活动的实效和高效。

建议/关键点

1. 在课例研修中我们不但要关注教师的专业成长，更要以学论教，把学生学习的生长点与教师专业发展的增长点有机融合。

2. 课例研修的理念与要素能够帮助教师改进教研，提升教研质量，但这毕竟只是教师研修的方式之一。今后如何继续探索利于教师能力发展的培训模式，是值得我们深入研究的。

思考与行动

1. 课例研修的组织者，在课例研修中充当多重角色，发挥着不同的作用。将下列短语选择正确的序号填入合适的 "_____" 中。

课例研修的组织者作为专业引领者是合作伙伴，_____；

是研修员，_____；是专家，_____。(①及时做理论上的梳理和提升　②提供解决问题的建议　③适时抛出可以思考的问题)

2.《"精彩极了"和"糟糕透了"》在以往的教学中，教师的关注点往往放在巴迪在七八岁时写了第一首诗得到爸爸、妈妈截然不同的评价，通过有感情地读，去体会这两种评价，继而感悟父母之爱。而忽略文章后面的描写，即"我"为什么能"正确地把握住我生活的小船"长大后成为有名的作家。本专题中课例研修主题最初确定为"品读文章内容，体验人物情感"。围绕这个主题能否研究下去呢？请你作为课例研修的组织者，结合文本，结合自己的教学实践提个建议。

3. 结合课例研修实践请思考：同伴的支持与不断挑战自我对教师专业发展起着怎样至关重要的作用？

4. 以课例为载体的研修，目的是不断丰富教师实践性知识和实践智慧，提升教学质量。请结合本专题内容和自身感受思考：教学质量提升的标志是什么？

课例研修促进区校联动，
成为教师"国培计划"必修课程

（一）课例研修成为
小学语文教师继续教育专业必修课程

"十二五"时期是我国经济社会发展的重要时期，也是教育改革和发展的关键时期。小学语文教师继续教育面临的挑战是：人民群众对优质教育的需求不断增长，而优质教育资源和优质小学语文教师资源相对不足，这种供求关系逐渐成为主要矛盾。小学语文教师综合素质急需提高，还需构建更加科学的小学语文教师培训体系和完善的培训制度，促进教师个体终身发展和教师团队水平的提升。

一、"十二五"小学语文教师继续教育的指导思想

全面贯彻全国教育工作会议的精神，落实《国家中长期教育改革和发展纲要》的要求，在《北京市"十二五"时期中小学教师继续教育规划》的引领下，整体规划和设计小学语文教师继续教育

工作。

1. 整合研修资源,优化研修内容,创新研修模式,全面推进教师混合式研修,推进小学语文教师研修的专业化、特色化和素养化。

2. 分层、分类、分岗开展教师研修,关注教师不同发展阶段的不同需求,使教师研修的选择性、针对性和特色性更加明显。

3. 注重教师教学行为的变化,研究特色教学,形成特色课程,培养特色教师,建设教师学习型组织和创新型团队,促进教师的自主发展和区域内教师的均衡发展。

二、"十二五"小学语文教师继续教育培训课程目标

1. 以加强小学语文教师专业能力建设为核心,创新研修模式,构建教师混合式研修课程。

2. 课程内容注重知行研合一,全面提升教师专业发展和素养水平。

3. 完善课程评价制度,有助于激励一支师德高尚、结构合理、素质良好、均衡发展的教师队伍的形成,有助于通过教师研修促进学生学业水平的全面提高。

三、"十二五"小学语文教师继续教育培训课程内容

课例研修纳入教育部"国培计划"教师专业培训课程,成为北京市、西城区"十二五"小学语文教师继续教育专业必修课程。

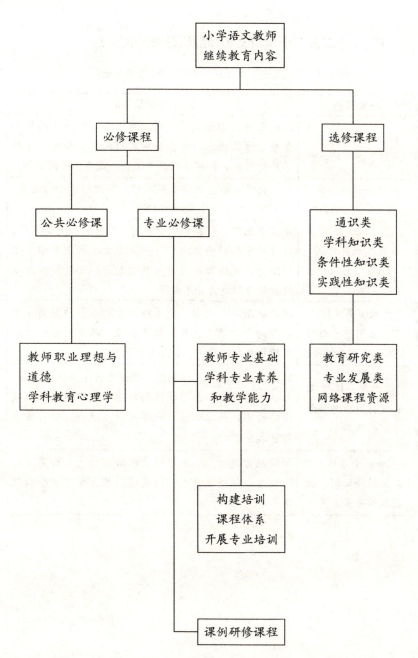

图8-1　"十二五"小学语文教师继续教育培训课程内容

四、"十二五"小学语文教师继续教育培训类别

表8-1 "十二五"小学语文教师继续教育培训类别

培训类别	培训内容及目的
新教师岗位培训 （工作3年以下的教师）	形成良好的师德规范，树立育人为本的教育思想和素质教育的理念，学会分析教材内容，初步掌握科学的教育方法和有效的教学技能，成为合格的教师。
熟练期教师培训 （工作3年以上的教师）	增长教学经验，熟练掌握教材，突出对学生的关注，发展教学能力，成为熟练的教师。
发展期教师培训 （工作6年以上的教师）	夯实专业理论基础和综合素质，增强职业道德修养，提升对学科的整体把握、研究学生、解决教学问题的能力，促进教师成为成熟的教师，并使发展后期的教师逐渐成为骨干教师。
骨干教师高级研修 （市、区级骨干教师或学科带头人教师）	以新理念、新问题、新策略为重点，全面提高骨干教师的专业能力、教学改革能力、教育科研能力以及指导教师的能力，打造名师队伍。
特级教师高级研修 （获得特级教师称号的教师）	通过支持性培养，实现先进理论与科学实践的融合，推动教育理论与教育实践的发展；通过研修，形成独特的实践操作体系、教学思想或理论，努力成为教育名家。
培训者培训 （市区教师培训、教研机构专业人员）	加强能力建设，加大培训者的培训力度，切实提高培训者队伍整体素质，提高继续教育管理水平和教学水平。

课例研修促进区校联动，
成为教师"国培计划"必修课程

（二）课例研修网络课程的建构

西城区小学语文学科把课例研修定为"十二五"小学语文教师继续教育专业必修课程，并且为了解决教师工学矛盾和区域小学语文教师的均衡发展，拟通过常规研修与网络研修结合下的混合式研修方式，使课例研修得到推广并普遍运用。

一、"小学语文课例研修与视频案例相结合的实践探索"成为西城区小学语文学科"十二五"教师继续教育专业必修课程

表8-2 西城区小学语文学科"十二五"教师继续教育专业必修课程规划

课程：小学语文课例研修与视频案例相结合的实践探索			
时间	子课程（研修内容）	研修方式	备注
2010 至 2011 下	把握学科的核心，关注学生的发展，提高课堂教学实效性	学习课例研修 1. 我学"课例研修"资料 2. 我议"课例研修" 3. 我做"课例研修" 4. 我写"课例研修"案例	提前实践，教师经历了：初识"课例研修"→学习"课例研修"→尝试"课例研修"，为"十二五"研修打下基础

续表

课程：小学语文课例研修与视频案例相结合的实践探索			
时间	子课程（研修内容）	研修方式	备注
2011 至 2012	语文课程资源的有效开发与利用——研磨与把握教材特点，选择有效的教学策略	学习课例研修与视频案例 1. 确定、修订课例研修主题 2. 探讨：课例研修的课前、课后会议与课堂观察 3. 视频案例的学习与制作	"课程资源"2011年教学设计评选主题，也是课标要求。
2012 至 2013	语文课程资源的有效开发与利用——结合教材、学生特点，能有效地开发和利用课外资源	实践探索课例研修与视频案例相结合 1. 视频案例的学习与制作 2. 课例研修中教学行为的改进	选择有效的"教学策略"是提高教师专业素养的综合体现，也是课标要求。
2013 至 2014	语文课程评价对常态教学的导向作用——课堂教学中的反馈与评价	实践探索：课例研修与视频案例相结合 1. 课例研修中教学行为的改进 2. 课例研修的实施与反思	学生学业水平提高的关键之一，是如何进行评价探索，也是课标要求。
2014 至 2015	语文课程评价对常态教学的导向作用——质量监控中的评价与反馈	实践探索：课例研修与视频案例相结合 1. 课例研修的实施与反思 2. 课例研修的梳理与反思	
2015 至 2016	总结小学语文研修内容与研修方式相结合的实践探索	实践探索：课例研修与视频案例相结合 汇总实践探索的成果	研修员和教师需要梳理、提高、汇总成果。

二、"学做课例研修"是"小学语文课例研修与视频案例相结合的实践探索"的子课程，把这一子课程构建为网络课程的目的及其框架

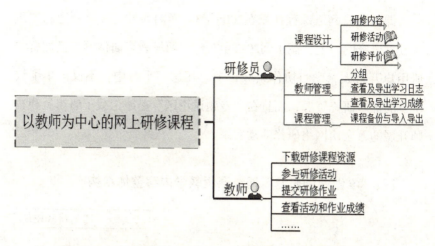

图8-2 把"学做课例研修"子课程构建为网络课程的框架

三、"学做课例研修"网络课程的各要素及其关系

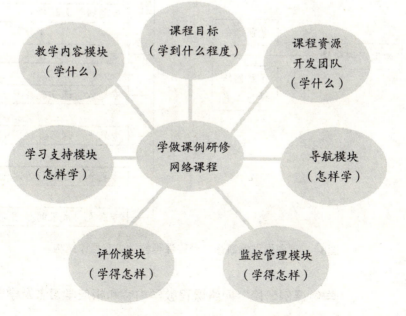

图8-3 "学做课例研修"网络课程的各要素及其关系

课例研修网络课程挂靠在2005年3月面向西城区教师开通的"西城教育研修网"上。截止到2011年7月,"西城教育研修网"已拥有注册用户万余人,学科协作组数百个。在这一平台中,不仅汇集了数十万的优质研修资源,而且在"专题讨论区"里还记载了研修员和教师开展的万余次网络研修活动实录。

四、"学做课例研修"网络课程教学内容整体结构

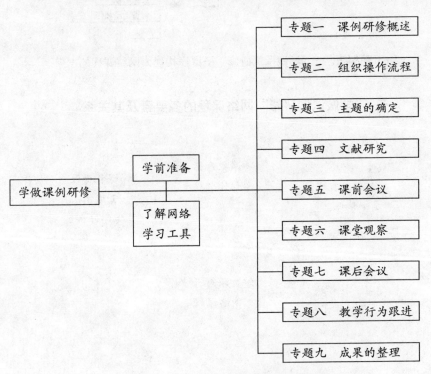

图8-4 "学做课例研修"网络课程教学内容整体结构

五、"学做课例研修"网络课程教学内容和相应学习者及学时分配

表8-3 "学做课例研修"网络课程教学内容和相应学习者及学时分配

专题		教学具体内容	学时	学习形式	适宜学习者
学前准备	进入网络平台 了解学习工具	1. 网络学习平台有哪些功能？ 2. 怎样有效使用网络学习工具学习？	20分钟	网上指导操作和练习	研修员/教学管理者/教师
专题一	课例研修概述	3. 课例研修的由来？ 4. 课例研修的特点有哪些？ 5. 课例研修的理论基础是怎样的？ 6. 课例研修的基本流程是怎样的？	30分钟	视频讲座 网上讨论	研修员/教学管理者
专题二	课例研修的组织与操作流程	7. 课例研修有效组织的关键因素有哪些？ 8. 课例研修有效的组织方式是怎样的？	30分钟	视频讲座 网上讨论	研修员/教学管理者
		9. 如何建课例研修团队？成员如何分工？	30分钟	视频讲座 线下组建	研修员/教学管理者/教师
专题三	课例研修主题的确定	10. 确定课例研修主题的角度有哪些？ 11. 确定课例研修主题的原则是怎样的？ 12. 确定课例研修主题的步骤是怎样的？ 13. 确定课例研修主题时，应避免哪些问题？	60分钟	视频讲座 案例讨论 线下小组研究完成作业	研修员/教学管理者/教师
专题四	课例研修的文献研究	14. 课例研修过程中做文献研究与科研的文献研究有什么不同？ 15. 怎样做课例研修的文献研究？	15分钟	视频讲座 网上讨论	研修员/教学管理者/教师

续表

专题	教学具体内容	学时	学习形式	适宜学习者
专题五 课例研修的课前会议	16. 在整个课例研修前，总的课前会议要做什么？	15分钟	视频讲座	研修员/教学管理者
	17. 课前会议与集体备课一样吗？课前会议在课例研修中的作用是怎样的？	50分钟	视频案例 网上讨论	研修员/教学管理者/教师
	18. 每一轮的课前会议，承担不同任务的组员要做什么？			
专题六 课例研修中课堂观察和分析	19. 为什么要进行课堂观察？			
	20. 怎样围绕课例研修主题设计课堂观察表？			
	21. 怎样依据研修需要改课堂观察表？		视频讲座	
	22. 怎样使用课堂观察表观课议课？		视频案例	
	23. 怎样从学生角度观察、记录和分析？	90分钟	案例讨论	研修员/教学管理者/教师
	24. 怎样从教师角度观察、记录和分析？		线下小组研究完成作业	
	25. 怎样在课堂观察中捕捉教学中的"关键事件"？			
	26. 课堂观察技术手段的介绍			
	27. 课堂观察的数据情况为成果整理提供怎样的帮助？			
	28. 在课堂观察中应注意哪些问题？			
专题七 课例研修的课后会议	29. 课后会议和一般评课相比在哪里？	50分钟	视频案例 网上讨论	研修员/教学管理者/教师
	30. 课后会议要形成怎样的共识才有利于教学行为的改进？			

续表

专题	教学具体内容	学时	学习形式	适宜学习者
专题八　课例研修过程中的行为跟进	31. 为什么强调教师教学行为的改进？ 32. 为什么倡导"三阶段两反思"？ 33. 如何有效实施"三阶段两反思"？ 34. 怎样解决教学中的"关键事件"？ 35. 教师的学科教学知识（PCK）在行为改进中的重要作用？ 36. 在"三阶段两反思"中应注意哪些问题？ 37. 课例研修与课例研究、教学研究和研究课、磨课的区别是什么？	90分钟	视频讲座 视频案例 案例讨论 线下小组研究 观摩课 完成作业	研修员/教学管理者/教师
专题九　课例研修的成果整理	38. 怎样理清几轮课中行为改进的变化内容，提炼出规律？ 39. 在课例研修中担任不同任务的成员怎样呈现研修成果？ 40. 怎样撰写课例研修报告？ 41. 在成果整理中应注意哪些问题？	60分钟	视频讲座 视频案例 案例讨论 线下小组研究 观摩课 完成作业	研修员/教学管理者/教师

说明：课例研修网络课程学习共计540分钟，折合为9学时；线下常规研修中的小组研究、观摩课等折合9学时；课例研修网络课程共计18学时。

策略八

课例研修促进区校联动，
成为教师"国培计划"必修课程

（三）课例研修校本化的持续探索

课例研修在促进区校联动中，要让每一位语文老师真正学会做课例研修。教师通过倾听专题讲座、观摩区域或学校学科教研组常态的课例研修、参与在线学习讨论和亲自实践等体验活动，了解课例研修的相关理论，掌握基本流程和组织方式，运用课例研修的基本技能方法，做课观课议课，学会课堂观察和反思，提炼研修成果。

课例研修在促进区校联运中，要让每一位教师持续不断地改进教学。教师通过在网络上观摩区域或学校学科教研组常态的课例研修，运用网络课程平台提供的技术进行协作式更新设计和体验不同功能的客观评价，在常规研修中抓住课例中的"关键事件"进行反思和教学行为跟进，使教师个人及团队的学科教学知识（PCK）得以增长，努力提高课堂教学的实效。

由此可见，要考量课例研修在"研修一体"中的作用。"研修一体"中的"研"主要指教研、科研，"修"指教师进修、培训。"研修一体"

就是指把教育教学研究与教师继续教育有效地融合在一起，促进教师专业发展和素养的提高，进而促进教育教学质量的提高，促进学生综合素质的提高。

自忠小学学习课例研修资料讨论记录
中古课例研修学习记录
我学课例研修资料——网络函授课研讨记录（西师附小语文组）
三里三课例研修交流汇报
进步小学案例学习研讨
黄城根小学课例研修讨论稿1
黄城根小学课例研修讨论稿
复外一小语文教研
北京市第二聋人学校研修作业
中华路小学　我学课例研修资料研讨记录单
裕中小学
育翔小学研讨记录
育民小学　六年级 我学课例研修资料
育民小学　我学课例研修
银河小学语文教师：《我学课例研修资料》——网络函授课研讨记录
五路通小学
我学课例研修资料研讨记录(华嘉小学)
我学课例研修资料—网络函授课 研讨记录（玉桃园小学）
我学课例研修资料——青龙桥小学
我学课例研修资料 鸦儿胡同小学

我学课例研修活动记录
我学课例研究交流记录（官园小学）
文兴街小学“我学课例研修”讨论记录
受水河小学课例研修
什刹海小学
民族团结小学课例研修活动记录
柳荫街小学我学课例研修资料—— 网络函授课研讨记录
力学小学集体学习记录
力学小学
进步中年级组研讨记录
进步高年级案例研讨
进步低年级组研讨
黄小2、4、6年级课例研修讨论记录
护国寺小学
奋斗小学《我学课例研修》记录
东街小学
厂桥小学——我学课例研修资料
北京雷锋小学语文教师研讨记录
北长街小学-我学课例研究讨论记录
白云路小学语文教师学习体会

图8–5　西城区各小学语文学科在“学做课例研修”网络课程初期呈现出的“区校联动”活动记录

一、研修主题化

"研修一体"能否有效融合，关键在于市、区教师研修培训机构指导学科教学的研修员或校级教学主管领导敏于发现教师教学中的问题，善于把问题梳理、提炼为系列化的研修的话题，再经过整合，聚焦于一个明确的研修主题。

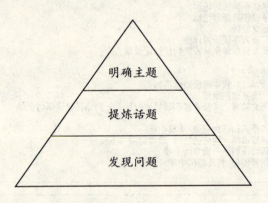

案例中的图8–2呈现的是西城区小学语文学科"十二五"教师继续教育专业必修课程规划。这是在西城区小学语文教研室对全区694位语文教师进行问卷调查后，发现教师对"十一五"期间研修反映出的主要问题是：1. 研修内容不仅要满足教师操作方面的提高，还要改善教师知识结构和提升教师专业素养。2. 研修形式不仅有教师最感兴趣的观摩课堂教学现场进行研讨，还要增加视频研讨平台，扩展研修时空。3. 研修方法不仅有传统的听课评课，还要让听课评课更加科学有效提高执教者的教学能力。4. 研修价值不仅让骨干教师得到发展，而且要让普通教师学有收获，更要使教师团队共同进步，获得多赢的功效。

西城区小学语文教研室将上述问题梳理、提炼为三个研修话题

（表8-2中的研修内容）、两种研修方式（课例研修和视频案例研讨）分别在六个学期系列化的推进。推进的切入点就是帮助教师学习和掌握适宜的研修方法，而"课例研修"和"视频案例"这样的研修方式恰恰能够满足教师的需求，因此就把"十二五"教师研修主题亦即课程名称确定为：小学语文课例研修与视频案例相结合的实践探索。课程目标是通过设计与实施以小学语文学科核心知识、能力、思想等为内容，以提高语文教师素养，提升学生学业水平为目标，以课例研修为途径，以视频案例为成果的研修一体课程，促进小学语文教师群体专业发展。至此，实现了研修主题化的思考。

二、主题课程化

为了让课例研修便于区域内的语文教师自主学习、系统掌握和有效指导校本教研的实践，并且解决工学矛盾，西城区小学语文教研室又开发出了"学做课例研修"网络课程。案例中的图8-2宏观地呈现了"学做课例研修"网络课程的定位、目的和内容框架，图8-3中观呈现出"学做课例研修"网络课程的各要素及其关系，图8-4和表8-3微观呈现出"学做课例研修"网络课程学习内容、学习方式、授课方式、内容适宜的相应学习者及学时分配。至此，在网络技术的支撑下，把特定学习目标、学习内容、学习对象和监控评价等系统地呈现在网页界面，实现了主题课程化的设想，目前亟待应用。

三、课程学科化

课例研修网络课程的内容适合各个学科教师在通识培训中学习，

但是表二详细呈现的多样的学习形式却有鲜明的学科特点。因为课例研修网络课程的核心内容是直面学科教学中的一个个课例，课程的学习者将会浸泡在这些课例中反复思考、实践、行为跟进、提炼经验……例如："视频案例"对于小学语文学科来说，可以是一节40分钟语文课的实录，也可以是表现"关键事件"教学实录片断。"案例讨论"应提供清晰的语文教学视频和明确的讨论话题，大致范围应是如何提升语文教师的学科素养，具体会涉及在教学中如何提高语文教师的教学设计水平、课堂教学水平和把控教学质量的水平，如何能够提高语文教师自身的阅读能力和表达能力，如何使语文教师具有较强的教学基本功等等。"线下小组研究"一定是由语文教师组成的课例研修小组针对教学真问题进行面对面的探讨。"观摩课"更是语文教师关心的各种

图8-6 "西城教育研修网"中视频案例学习、讨论和评价平台

课型课例，如阅读教学、习作（或写话）教学、识字教学等。至此，课程学科化的设计就在网络技术和方法支撑下实现了，学科教师将通过常规研修与网络研修结合下的混合式研修方式，在合作中具有创造性地把自己和同伴具备的知识转化为应有的技能，有效地解决教学问题。

四、学科校本化

课例研修的价值之一是它能够培养校本研修组织者能够发现教学真问题的专业判断力，优化教师专业知识结构，增加教师团队的凝聚力，引领教师团队成为研究型的教师。案例中图8-6是西城区各小学语文学科在"学做课例研修"网络课程的初期呈现出的"区校联动"活动记录。近两年来，各学校语文学科校本研修在传统的校本教研制度与活动基础上不断发展与创新。在学校主管领导的带领下，学校语文学科设计以"课例研修和视频案例"为教师研修模式创新的突破口，以"西城教育研修网"为研修平台，将课例研修与视频案例研修相结合，面对面研修与网上研修相结合，做精混合式研修，自觉实践和分享经验的欲望会更强烈，同时记录学习过程中的收获，也会更客观、更清晰。至此，语文学科课程校本化开展的局面正在打开，这一过程是学校新手教师或稚嫩的教师团队不断成长为专家型教师及团队的"凤凰涅槃"过程。

通过常规研修与网络研修结合下的混合式研修方式的支撑，课例研修成为小学语文教师继续教育的培训课程。那么，区域学科研修员、学校管理者和学科教师既是培训者，又会是受训者；既是实践者，又会是受益者。

网络中已经预设的和学习中即将生成的团队教师课例研修经验，

都是丰富而宝贵的网络课程资源。研修员、学校管理者和教师及时反思和进行阶段成果提炼，不断构建有支持的、利于开放学习的网络课程资源。

思考与行动

请依据"十二五"小学语文教师继续教育的指导思想、语文课程培训目标及内容，仿照和参考案例及解析，结合自己的工作实际，根据下面的提示填表格，可以独立或与教师合作设计出一份完整的小学语文学科课程培训方案。

1.在师生教与学的过程中，您发现值得研究并亟待解决的一个真问题是＿＿＿＿＿＿＿＿＿＿＿＿＿＿＿＿＿

2. 请将发现的这个真问题进行分解，成为有内在联系的系列化的研修话题。＿＿＿＿＿＿＿＿＿＿＿＿＿＿＿＿

3. 将话题整合后，提出的研修主题是＿＿＿＿＿＿＿＿

4.填表格，设计出一份完整的小学语文学科课程培训方案。

课程名称（研修主题）：				
课程目标：				
课程内容	学习形式	课时安排	主讲人	学习对象
1				
2				
3				
4				
5				
课程作业				
课程评价				

后 记

（一）感恩是永恒的幸福

生活中最大的幸福是坚信有人爱我们。

——［法］雨果

一、感谢引领西城区小学语文学科走上"课例研修"之路的良师益友

北京市西城区教育研修学院时任院长、北京市特级教师齐渝华基于在教学实践中培养研究型教师、促进学习型教师团体的成长和探索有效的区域教师研修模式的思考，于2008年初成立了西城区"课例研修项目工作站"。

荣幸的是，小学语文学科不仅是当初的志愿者，更是忠实的追随者和受益者。

自2008年以来，西城区"课例研修项目工作站"在齐院长亲自主持下，十余位中、小、幼研修员带领各自年段百余位一线教师到2009年已经历了三期课例研究，并由部分研修员共同努力撰写出了供一线教师使用的《课例研修手册》。齐院长曾对我说："编写出的《手册》是大家做研究的工具书，是脚手架，这一工具好不好使，需要一线教师实践的检验。能不能先在小学语文带薪脱产骨干班中使用，请学员为《手册》挑挑毛病，提提建议……"

她的这一席话，让我顿悟一个理儿：这不就是体现了研究的阶段成果从实践中来，又要回到实践中去吗？不就是体现在培训中注意发挥教师的价值，设计出有实际意义的学习活动，把课程设置与全区研究工作的推进相结合吗？我们感受到这项工作的分量和影响，欣然郑重接受。

2010年，学院部分学科研修员开始着手修订和出版《课例研修手册》(后更名为《怎样做课例研修》)的工作。齐院长详细部署："组织《课例研修手册》编写人员修改和完善自己撰写的部分章节，组织人力统稿；在此基础上请专家分头提修改意见，然后进行第三轮修改；组织人力再统稿，打磨文字，联系出版。"她身先士卒，动手改稿，并告诉我们："我们写书时，一定要考虑读书的人，他们是怎样的身份，怎样的工作经历，怎样的学科背景，我们的表述能不能让他们看清楚、想明白；他们对哪些专题感受更深，看了哪些案例会受到更大的启发，更能改进自身的教学实际，我们应该精心挑选。"她满怀对课例研修工作的一腔深情，在退休后还多次鼓励我们："组织本学科项目组结合本学科特点，以点带面，力争拿出本学科的'课例研修指南'，切实使课例研修推动区域学科研究，在研修课程化、学科化和校本化的路上继续往前走。"我们在耳濡目染中深刻感受到齐院长工作的视角前瞻，作风民主，状态专注，指导专业。特别是她对研修成果的整理与提炼，撰写的定位与到位，专题编排的角度与适度等等，无不潜移默化地影响着我们对这本书的编写。

　　小学语文研修员和我区一线小学语文教师在齐院长的关爱中，推开了一扇扇研究的天窗，攀上一座座实践的天梯，行走在永无止境的课例研修之路上，成就学生，成就学校，提升自己，与同伴沉浸在教师专业成长的幸福之中！

　　周卫教授，是中国教师研修网培训总监、教育部教师研究中心原主任、享受国务院政府特殊津贴基础教育专家，他于1999年开始在国内倡导课堂观察和课例研究。2008年3月周卫被聘为西城区教育研修学院"课例研究"研修项目首席专家，全程参与了西城区"课例研修"项目的策划、培训、指导、总结，并深度参与了6个学科课例研究的全过程。

　　高兴的是，在2008年4月至8月间，小学语文学科第一个跨校研修志愿者团队二十余人，就像周教授的研究生一样，多次汇聚，在研究状态下学习、工作。例如，在教学《"凤辣子"初见林黛玉》（节选）这篇课文时，到底该让五年级的小学生感受王熙凤的哪些性格特点的讨论中，有两个片段，让我们难以忘怀。

　　在第二次教学后的议课中，周教授启发我们："王熙凤的性格很复杂，我们不是通过名著来分析，而是通过这篇节选来分析王熙凤的性格特点。我想了解一下在坐的各位，你们看了这篇课文后能不能用四五个词来概括一下王熙凤的性格？在你们心中的王熙凤性格的底线是什么？要让学生掌握的是什么？"（大家开始写）有的写张扬、泼辣、善于逢迎，有的写富有心计或工于心计，有的写伪善、能言善变。

周教授听后说："一般是狡辩的辩，在这里也可以用变化的变。看来大家对于性格的理解还是比较一致的，可是，教参上有两个词，一个'刁钻'，一个'俗气'，通过这篇课文想让小学生看出刁钻和俗气是不容易的，老师也很难。只王熙凤的三角眼就能看出刁钻？（众笑）我觉得这过于牵强。所以准确制定教学目标很重要呀！"

在第三次教学后的议课中，周教授直截了当地指出："教学的后面部分对分析人物性格的处理有点简单化，好像只是处处讨好贾母。凤辣子是多重性格，有人说她'模样极标致，心机极深细'，'少说也有一万个心眼子'。我们要引导学生认识她性格的复杂性，多样性，而不是简单化，脸谱化。……她性格的复杂性体现在，外表张扬而内心工于心计，表面既关怀又显示自己的权势。想用一个字或一个词很难概括她的性格。……语文是教学生认识社会、认识人生、认识自我，人生是复杂的，简单了就是认识下降了。语文要把语言和认知结合好，这是本质。"

周教授两次针对性和学科专业性极强的点拨，促使我们团队向纵深思考：小说家在塑造人物时，要把握住人物性格的主体性和丰富性，要在小说中显露出"单一的杂多"。因此教师引导学生读小说名著（包括节选）时，应形成阅读名著的思维，养成在忠实原著的基础上，既能从多侧面又能统一地鉴赏人物形象的习惯。对于王熙凤的性格特点可以认识

西城区教育研修学院小学语文研修员、北京市特级教师刘悦在语文骨干教师培训会上发言

为：热情中有张扬，爽朗中见泼辣，能说会道里透出工于心计，情绪多变为的是逢迎取宠。把这点准确、具体地制定在教学目标中非常重要，因为它是教学之魂。

在周教授精心地传、帮、带中，我们顺利地完成了小学语文区域跨校"课例研修"的试点研究并总结出了值得借鉴的经验。小学语文学科对于课例研修从无知到有知到有为，全靠周教授的精神引领、技能培养和成果验收。俗话说："师傅领进门，修行在个人。"我作为小学语文课例研修的组织者，能够有不断组织各种规模的教师实施课例研修的勇气和底气，都来自于周教授当时给打的气！当我们在课例研修的路上渐行渐远时，周教授又谆谆告诫我们："把住课堂中的教学关键事件，更是体现学科特质的根本！"这精辟的话语，坚定了我们继续走好课例研修学科化的道路。

张铁道是北京开放大学副校长、北京教育科学研究院原副院长、享受国务院政府特殊津贴基础教育专家、西城区小学语文带薪脱产骨干教师培训项目顾问。他多年来研究教师专业发展的理论与实践，带领不同学科教师团队针对基层教学需求，开展了一系列教师研修实践。

2009年9月9日下午，我遵照齐院长推荐来到北京教育科学研究院找张铁道院长进行交流。听了我对小学语文带薪脱产骨干班实施课例研修的培训想法后，他没有直接做评判，而是热情地讲述了一个个由他主持的教师研修故事。他介绍说："借助同伴研修的方法引导教师加工整理个体的教学经验，使其成为教师团队成长的专业课程资源。"他还解释说："教师培训的关键在于我们应积极回应教师学习的需求。教师是具有专业知识和实践经验的成人学习者，他们更希望通过具有问题解决过程的体验式学习，实现提高自身水平的目的……我们作为研修活动的组织者就要为他们提供真实的问题情境，帮助他们在有一定难度的研修主题下进行多样化的真实体验，不仅在深入的学习中获得同行互为资源的体验，而且还发展自身专业能力。"我听了他的一席话，十分兴奋。特别是他讲的"教师在职进修应以他们的特定需求为起点，以教师群体专业发展和能力成长为主线，充分发掘和利用每一位教师实践经验的价值，使之成为可贵的研修资源"等理念，为当时处在迷茫中的我开启了一扇好大的天窗！

随后，张院长参照我的初步构想，帮助我构画了一个清晰而详细的旨在发展教师能力的研修课程框架，就是策略一中的《西城区小学语文带薪脱产培训班"课例研修"课程方案》（新方案）。我惊讶了："多么富有挑战性的创意！"凭直觉，如果能把张院长的建议与自身已有方案进行整合，那就是一份很好的课程方案哪！细细回味张铁道说的每一句话，它们慢慢浸润到我的心里。这正是我需要的！临别之际，张铁道问道："一名骨干教师和一名教研员的区别在哪里？"而后他自言道："骨干教师能够带给儿童高质量的学习，而教研员则应能够引领基层教师开展有意义的专业学习！"我能感觉出他是站在促进教师能力发展的角度引我思考，十分策略地纠正我已有的预案，我惊喜之余也有丝丝担心和愧疚："我班学员都是一线最普通的老师，能达到他设想的美好学习境界吗？我应该怎样放弃自己多年来习以为常的教研模式，重新设计促进教师能力成长的研修课程？"就这样，我心里充盈着一种新鲜、愧疚、犹疑和跃跃欲试的感受，开始了培训方案的修订。直到今天，我每每重温那次讨论，都无限感慨："那是在我做研修员生涯中一个值得纪念的日子。"

在张院长不断建议、指正和具体帮助下，我们努力调动已有的个人经验，让新知识随时嵌入我们原有的专业结构体系，促进自身知识更新，积极主动地建构着个性化解决问题的框架，享受着"柳暗花明又一村"的职业幸福。张院长说过："不断为你和你的语文团队搭建超越自我的目标和路径——这是我的价值定位啊！"这句话一直激励着我们要永不停步，永远挑战自我和超越自我！

西城区教育研修学院李燕玲院长、陈斯琴书记、李耀民副院长、陈漪明副院长等院级领导对小学语文学科的进步和发展非常关注，支持我们把想到的做出来，把做出的写出来，把写出来的传播出去，让全国、市区的更多同仁参与小学语文教学的研究。李燕玲院长说过："研修员要当好三种人：站在教师前面的人，发挥精神和业务引领作用；与教师肩并肩的人，

西城教育研修学院院长李燕玲和2011带薪脱产班语文骨干教师在一起

在平等合作中与教师共同做事；站在教师身后的人，为教师的成功搭台，在荣誉面前甘做'绿叶'。"在课例研修的实践中，我们还真是不停地转换着自己的角色做好自己该做的工作。陈斯琴书记曾经发自肺

腑地说：“要想学到东西，就必须有交流，有沟通。心态很重要，唯有怀着真诚的心，主动问，主动听，主动说，化学习为求知，发现问题进而在解决问题的过程中探讨、体验知识的精髓。”良言如知己，他们的领导艺术、个人魅力和开明的心态及作风，深深地感染着我们，增强了我们作为学院人创造性开展研修工作的强烈自豪感和十足信心！

每当我走到小学语文研修的十字路口，遇到困惑，心里没底发空发虚的时候，我一定会和这些良师益友见见面，通通话。在交谈中，他们以深厚的专业功底，前瞻地、创造性地、务实地在教师成长的“最近发展区”为我们提供着智力服务，同时我会领教到他们以自己的智慧、情感和语言为我“把脉”和“点穴”的功力，点到痛处后，“通，则不痛”，神清气爽！

写到这里，不禁想起唐人杜荀鹤的《小松》：

自小刺头深草里，而今渐觉出蓬蒿。

时人不识凌云木，直待凌云始道高。

诗的原意是说具有坚强不屈的性格和勇敢战斗精神的小松破土而出时，小得可怜，路边野草都比它高，可现在它已超出蓬蒿的高度。诗人感叹：眼光短浅的“时人”，是不会把小松看成栋梁之材的。表达了诗人杜荀鹤虽有毕露的才华，但无报国之路的落寞情感。如果我把“时人不识凌云木”中的“不”改为“善”或“真”，这诗的色彩一下子就由暗变亮，意境陡变——“时人善识凌云木，直待凌云始道高”这不正是西城区小学语文学科在各位“高人”的指点下，不断进步的写照吗？

二、感谢陪伴西城区小学语文学科走在"课例研修"之路的志同伙伴

我们小学语文教研室七位同仁的平均年龄是43.4岁,正值"四十不惑"的时期。大家崇尚"向善"、"笃学"、"务实"和"创新"。课例研修只是我们协作完成的众多研修工作之一,对教

西城区教育研修学院小学语文室全体研修员

师实施课例研修的指导、组织,自我研修技能的提高,成果的梳理和提炼,都是我们在培训教师的实践中自觉"做中学"相互鼓励而完成的。我由衷感谢这些人品好、爱学习、能力强、求发展的各位伙伴!

西城区两个"一小"(展览路一小和阜城门外一小)的跨校研修团队共有13人,在课例研修初期,我们共同携手站在同一起跑线上,尝尽了实验过程中的甜酸苦辣;仅过了三个多月,课例研修的研究、探寻和实践,让我们这个具有特色的团队,凝聚在一起,成为了一个和谐而具实力的研修共同体!我由衷感谢这个在西城区小学语文学科实施课例研修中第一个"吃螃蟹"的跨校研修团队,不忘张新华和刘体兰两位校长的全力支持,珍惜骨干教师艰辛却极富实践经验的研修经历!

2009年和2011年我们学科分别承接了两期市级小学语文骨干教师带薪脱产培训项目。我们均把课例研修排在课表中,列为区域特色

课程。这两期学员人数不同，研修特色及成果各异，请见表格：

	2009年 第一期学员	2011年 第二期学员
人数	21位	12位
学校	21所	10所
研修特色及研修成果	1. 团队骨干教师在真实的校本研修机制下实施课例研修	1. 研修主题能够聚焦到小学语文教学中的"关键事件"和最具专业含量的教学环节
	2. 以电子书的形式，汇集过程性研修成果，形成学员个人和集体的电子成长档案	2. 每位学员学会制作电子书，记录自己成长
	3. 把研修成果转化为对小学语文学科教学的指导意见（口袋书）	3. 把研修成果转化为引导小学语文教师改进自身难点教学的本土化的脚手架（电子书）

但是，这两期学员共同具有挑战自我、不断创新和实践的优秀品质，他们甚至能创造出在昼夜交替的六七个小时之后，颠覆原来设计的奇迹。

来自白云路小学的王甄说："从前都是领导派活，我跟着干，如今我们得引领学校老师们全力以赴地干。这一巨大的角色转变真让我诚惶诚恐。但我没有畏难。在短时间内，我全身心投入设计工作方案，挑选研究小组成员，打电话跟老师们商量课例、课题，撰写了开题报告，查阅了文献资料，认真地备课……"

来自中古小学的韩亦恂说："在经历了难忘的课例研修之旅后，我写出了上万字的案例报告，收获了宝贵的工作经验，并从中学到了对待工作的态度，对待事业的态度。它们将是我未来迈向教学专业发展之路上的宝贵财富。"来自力学小学的刘靖怡则补充和发展了小韩的感受，她说："书面材料的丰实还不能完全呈现我们内心的厚重。我们深深地感受到：聚合集体智慧，才能超越自我；完善学科素养，才能生成教学精彩；持续跟进教师行为，才能有效提升实践智慧；融入爱学生的激情和责任，才能使教学精致而有效！"

黄城根小学学员王永红在学习期间荣幸地代表西城区承担了北京市"京城杯"教学交流活动的教学任务。她在那段难忘的日子里仿佛是一只春蚕在经历着人生的蜕变，"痛苦并快乐着"也成为她心境的真实写照！她说："当时我的脑海中塞满了教学内容，无论是看到的，还是听到的，都能让我联想到我的课，难怪家里人嗔怪：'别理她，现在她的眼里只有她的课！'"在全市交流中王老师的课得到了各方面的好评。她对同伴们深情地说："我喜欢成长。我觉得自己活出了宽度，活出了丰富，活出了自我。这种感觉真好！"

这些骨干教师回校后充分发挥自己的带动作用，学校领导和老师都欣慰地反映："这些骨干教师如今在日常课堂教学中，能够自觉地从真实问题出发，率先借助课堂观察和实录分析的手段观课、议课，引领教师集体通过行动研究，寻找课堂教学关键事件，调整教学行为。他们在处理真实的教学事件中运用理论，分析解决处理问题，重视对教师学科教学知识（PCK）的研修以及学生学习效果的评价研究。"研修员也欣喜地看到他们思考问题的站位高了，角度宽了，能够主动为深入开展全区小学语文教学的研究献计献策，主动担任小学语文网络课程的专题主讲教师，承担区级教学研究任务，他们中许多人已经成为西城区学科带头人或骨干教师。

我由衷感谢两期学员所在学校领导的卓有远见，祝愿经过我们精心培育的团队骨干教师永远成为全区推广课例研修的指导团队和中坚力量！

我由衷感谢中国青年出版社的领导和编辑，为西城区小学语文学科搭建展现"课例研修"成果的平台，支持我们的编写工作。在审阅样稿后说："你们的课例研修是经过几年做出来的，有过程、有成效、有提炼。所以，相信你们的编写团队能够立足于专业角度，写出有指导高度、分析深度和建议适度的作品，让更多老师看了你们的书，能知道课例研修是什么，课例研修能给你（读者）带来什么，我能做什么。"这中肯的话语犹如强心剂注入到这本书每一位编写者的心中，大家在2012年炎热的暑假放弃休息，怀揣着一份责任、勇气和自信，情愿一天天地坐在电脑前，写稿改稿，倾注着自己心血和智慧！

……

我以满怀的好心情写到这里，不得不收笔了。在此，向所有爱我们的人献上法国小说家左拉的名言："每一个人可能的最大幸福是在全体人实现的最大幸福之中。"

（二）创新是永久的追求

> 独创有两方面：一是形式的新颖，一是个人人格的化入。
>
> ——金克木

西城区小学语文学科在深入推进研修一体工作的进程中，将会继续关注教师的需求和发展，带领全区教师学习和贯彻2011版新课程标准的精神，在探索学科课程化建设中，将会着力在以下三方面思考、实践和创造。

一、遵循一条路径

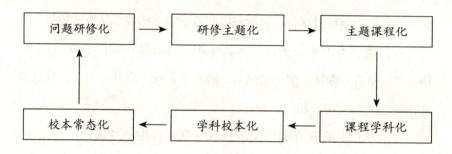

二、思考五类问题

1. 以什么"问题"开启教师的研修？这是起点。

2. 如何循序渐进、在各级研修组织中通过常规课例研修与视频案例相结合的混合式研修的方式促进问题的解决？这是方法。

3. 怎样"常态化"的研究问题？这是落点。

4. 怎样在真实问题的解决中，培养学科研修员、一线教师和教学领导的研修品质？提高学科专业研修能力？这是根本。

5. 如何提升教学质量，减轻小学生学习语文的过重负担？这是归宿。

三、实现四个结合

学科课程的整体建设与特色课程的设计相结合；群体性培训与个性化学习形式相结合；常规研修与网络研修相结合；语文学科教师

专业能力培养与完善知识结构相结合，克服以研代训或以训代研的做法。

四、培养多种健康的研修品质

研修工作的创新往往体现在用什么有效的方式方法来解决遇到的问题上，这与学科研修员、一线教师和教学领导的研修品质密切相关。

我们所追求的是——自己和教师团队具备独创潜质和健康的人格，如：坚持、专注、参与、热爱、客观、责任、胜任、信任、开放、合作、分享、自主、超越……

我们相信：在现在和未来的教育教学实践中，收获的不仅是学会做事，做成事的优秀教师，更重要的是锻造和磨砺出一位位能创新做事的研究型的教育家！

说真的，这些话在我心中埋藏四年多了，以往常会零零散散的有感而发或是片言絮语式的表达。今天借《小学语文课例研修的8个实践策略》出版之际，由衷地向关爱、支持、指导和帮助西城区小学语文发展的朋友们，表达我真诚的敬意！

刘 悦

2012年9月1日

参考文献

1.《怎样做课例研修》

（高等教育出版社，主编齐渝华、副主编刘悦）

2.《义务教育语文课程标准》

（北京师范大学出版社2011年版）

3.《学习性评价丛书》

（教育科学出版社，［英］伊恩·史密斯著）

4.《同伴研修：促进教师专业发展的一项实践策略》

（中国轻工业出版社，主编张铁道）

5.《斯霞教育文集》

（江苏教育出版社，斯霞著）

6.《构建有效教学的策略：反馈理论》

（教育发展研究2011.4，黄显涵、李子健）

7.《有效教学：理念与策略》

（人民教育2001(6)，崔允漷）

8.《"从'案例教学'到'案例研究'：转换机制探析"》

（全球教育展望2005年第2期，夏正江）

9.《说课、听课与评课》

（教育科学出版社，主编杨九俊）

10.《积极情绪的作用：拓展–建构理论》

（中国健康心理学杂志2010第18卷第2期，高玉亮、童辉杰）

11.《2009西城区小学语文带薪脱产班骨干教师课例研修报告集》

（北京市西城区教育研修学院刘悦、金梅编辑）

12.《2011西城区小学语文带薪脱产班骨干教师课例研修报告集》

（北京市西城区教育研修学院刘悦、金梅编辑）

13.《要重视小学生学习能力的培养》

（教育管理1997(1)，石瑾娜）

14.《小学生学习适应性研究》

（河北师范大学学报（教育科学版）2002(3)，白晋荣等）